KB124569

BASA와 함께하는
수학능력 증진 개별화 프로그램

# 수학 나침반

**1** 초기수학(수감각)편

| 김동일 저 |

**학지사**

우리 학교 현장에서는 난독증, 학습부진 및 학습장애뿐만 아니라 다양한 문화·경제·언어 특성과 같은 요인들로 인하여 학습에 어려움을 겪는 교육사각지대 학생들이 여전히 존재하고 있습니다. 이에 따라 학습에 어려움을 보이는 학습자들을 정확하게 진단하고, 적절한 교육적 지원의 필요성이 대두됩니다.

많은 교사와 상담자가 노력하고 있지만, 모든 학습자의 개별적인 수행 수준에 맞추어 탄력적으로 수업을 진행하기는 어려운 것이 현실이며, 개별 학습자에게 가장 효과적인 교수 방법을 찾는 일 또한 이상적으로 여겨집니다. 이에 BASA와 함께하는『수학 나침반』시리즈는 초기수학부터 연산과 문장제와 같이 수학 영역에서 심각한 어려움을 겪는 학습자들의 현재 수행 수준과 발달 패턴을 살펴보면서 개별화 교육이 가능하도록 연구 작업을 통하여 개발되고 수정되었습니다. 이 시리즈는 기초학습기능 수행평가체제(Basic Academic Skills Assessment: BASA)에 맞추어 각각 초기수학, 수학 연산, 수학 문장제 검사의 결과에 따라 추가적인 중재가 필요한 학습자에 초점을 맞추고 있습니다.

『수학 나침반』시리즈는 찬찬히 꼼꼼하게 공부하는 학습자를 먼저 생각하여 교과서 및 다양한 학습자료를 기반으로 개별화 학습이 가능하도록 하였습니다. 학습자가 의미 있는 증거기반 중재 탐색의 기회에 지속적으로 참여하면서 자신의 눈높이에서 배우고 즐기기를 진심으로 기대합니다.

이 책을 내놓기까지 매우 많은 분의 도움이 있었습니다. 한국연구재단의 SSK 연구를 기반으로 경기도 난독증 우수 중재프로그램과 시흥시 새라배움 프로젝트를 통하여 직접 현장에서 개별화 교육프로그램을 운영해 온 서울대학교 특수교육연구소 연구원들과 정성 어린 손길로 책을 만들어 준 학지사 임직원 여러분께 진심으로 고마운 마음을 전합니다. 특히 교육 프로그램에 참여하여 우리에게 귀한 배움의 기회를 제공해 준 여러 현장 교사와 상담자를 기억하고자 합니다.

2020년 7월

서울대학교 교육종합연구원 특수교육연구소(SNU SERI) 소장

오름   김 동 일

## 1. 초기수학이란

학습자의 초기수학능력은 수감각(number sense)으로 대표됩니다. 수감각은 '수의 의미를 이해하고, 수들의 관계를 정의할 수 있는 능력'(Crosswhit et al., 1989)으로 수감각을 습득하는 것은 이후 고차원적인 수학적 개념을 습득하는 데 중요한 역할을 합니다(김동일, 2011).

## 2. 초기수학과 수학발달

수학능력은 위계적으로 발달하는 특성을 지니고 있기 때문에 타 교과 영역보다 선수 기술을 습득하는 것이 매우 중요합니다. 즉, 학습자가 수감각과 같은 초기수학능력을 습득하지 못했다면, 이후 학령기 연산과 같은 더 복잡한 수학기술의 활용에 어려움을 느끼게 될 것입니다. 특히 수학 영역에서의 결손은 초기에 나타나기 때문에(Fuchs, Fuchs, & Karn, 2001) 조기 형성평가를 통한 교육은 매우 중요합니다. 미국수학교사협의회(National Council of Teachers of Mathematics, 1989)는 수감각을 유아기에 필요한 전(前) 수 개념이 아니라 수학 관련 문제를 해결하는 데 반드시 필요한 요소로서 아동뿐만 아니라 성인에게까지 필요한 수 관련 직관력이라고 정의하였습니다. 이에 Reys(1992)는 수감각은 어느 시점에서 생기는 것이 아니라 일생의 과정을 거쳐 개발되는 것이라고 보았습니다(김동일, 2011). 인지 관련 연구에 따르면, 수학학습장애 학습자는 수 세기와 같은 초기수학 학습기술을 습득하지 못하였거나 지연된 능력을 보인다고 보고하였을 뿐만 아니라(Geary, 1993), 미숙한 일대일 대응능력을 보였으며, 기초 수 개념에서도 마찬가지로 또래 학습자에 비하여 낮은 수행 수준을 보인다(Geary et al., 1992)고 하였습니다(김동일, 2011). 때문에 초기수학능력은 이후 수학 발달을 위해 꼭 이루어져야 하는 기술이라 할 수 있습니다.

## 3. 초기수학 지도의 효과

학령기 시작 이전에 수학적 사고가 잘 형성된 학습자의 경우, 이후 학년에서도 높은 수학 성취를 보였습니다. Griffin과 Case(1996)는 유치원 수준의 학습자들은 정수의 이해와 조작에서 언어적 수 세기(verbal counting), 전반적인 양의 비교(global quantity comparison) 개념을 미리 개발해야 한다고 하였습니다(김동일, 2011). 또한 6세가 되면 학습자는 이 두 개념을 조합하여 심상화된 수직선에 큰 수와 작은 수의 위치를 인지할 수 있어야 합니다. 심상화된 수직선을 표현하는 과정은 학습자의 산술 전략을 사용하기 위한 개념적 지지를 제공하고 연계된 수학 학습의 토대가 되는 중요한 발달과업입니다(Moss & Case, 1999). 때문에 이 책은 언어적 수 세기 개념을 포함하는 수 인식, 심상화된 수직선, 수량 변별 그리고 이러한 개념을 활용한 초기 덧·뺄셈을 지도할 수 있도록 구성되었습니다.

## 4. RTI 교수법

RTI(Response-to-Intervention, 중재반응모형)는 학습자의 제공되는 중재에 대한 반응을 고려하여 학습장애 여부를 진단하는 선 중재-후 진단 판별모형입니다. RTI는 학습을 시작하는 초기 성취 수준과 중재가 진행되는 과정에서 향상되는 정도를 정기적으로 나타내는 진전도를 함께 고려합니다. 이때 진전도는 아동의 변화량, 즉 중재에 대한 반응 정도입니다. 따라서 RTI는 학습장애 아동의 수행 수준과 진전도를 확인하고 중재 프로그램의 효과성을 파악할 수 있습니다. RTI는 일반적으로 3개 수준으로 구성되어 있습니다. 1수준은 모든 일반 학습자를 대상으로 표준교육과정을 실시하고, 보편적 선별검사를 제공합니다. 이때 데이터 팀은 학습자의 성과를 사용하여 교육을 계획하고 평가하며, 그 결과에 따라 어려움을 나타내는 학습자를 선별하여 2수준 교수를 받게 합니다.

2수준은 소집단(5~7명) 교수가 제공되며, 1수준보다 좀 더 강도 높은 집단 중재와 빈번한 진전도 모니터링을 합니다. 충분히 교수를 제공받았음에도 여전히 진전이 없는 학습자는 3수준 교수를 받게 합니다.

3수준 교수는 일대일 교수를 제공하도록 권고되며, 학습자의 수준에 맞는 개별적으로 고안된 중재를 제공합니다.

'초기수학(수감각)편'은 집중 중재가 필요한 학습자를 대상으로 교사와 학습자의 일대일 또는 소집단 수업을 진행하는 데 효과가 있도록 제작되었으며, 학습자의 개별적인 특성과 수준에 맞는 학습을 제공하기 위하여 1단계와 2단계로 구성되어 있습니다.

## 5. 초기수학(수감각)편 단계별 소개

| 1단계(1~4과) | 2단계(1~4과) |
| --- | --- |
| 한 자리 수 인식, 심상화된 수직선,<br>수량 변별, 초기 덧·뺄셈 | 두 자리 수 인식, 심상화된 수직선,<br>수량 변별, 다양한 수 세기 |

- **수 인식**(1, 2단계의 1과): 1~9(한 자리 수)부터 10~99의 수를 빠르고 정확하게 읽는 능력을 향상시키는 것이 목표입니다.
- **심상화된 수직선**(1, 2단계의 2과): 1~9, 10~99의 수 중에 연속된 세 수에서 수들의 배열 규칙을 찾아 빠진 수를 인식하는 능력을 측정합니다.
- **수량 변별**(1, 2단계의 3과): 두 수 중 어떤 수가 더 큰지를 변별하는 능력을 강화하고자 합니다. 또한 각 과는 수직선 위에서 수의 위치를 추정할 수 있는 추정능력을 향상시킬 수 있는 활동을 포함하고 있습니다.
- **초기 덧·뺄셈**(1단계 4과): 수 모으기와 수 가르기 활동을 통해서 덧셈과 뺄셈을 하기 위한 초기능력을 기르는 것을 목표로 합니다.
- **다양한 수 세기 영역**(2단계 4과): 두 배 수, 뛰어 세기, 거꾸로 뛰어 세기 활동을 통해서 추후 덧셈과 곱셈으로 자연스럽게 이어지게 돕는 것을 목표로 합니다.

## 교사 활용 팁

### 1. 초기수학(수감각)편 활용 팁

하나, 워크북을 시작하기 전에 'BASA 기초학습기능 수행평가체제–초기수학'을 활용하여 기초선을 측정하고 목표를 설정합니다. 이는 학습자의 현재 수행 수준을 파악하여 교수목표를 설정하고, 학습자에게 맞는 교수–학습 전략을 설정하는 데 도움을 줍니다.

둘, 워크북은 기본적으로 '교사와 함께하기'와 '스스로 하기'로 나뉘어 구성되어 있습니다. 교사와 함께하기는 도입–기초학습–주요학습–심화학습의 단계로 주제에 대한 직접 교수를 제공할 수 있도록 구성하였습니다. '스스로 하기'를 통해 각 차시별 주제에 대한 개념을 확인하고, 스스로 응용하여 문제 풀이를 할 수 있도록 구성하였습니다.

셋, 각 과에 대한 개관에는 해당 과에 대한 소개, 차시별 전개 계획, 지도 유의사항, 중재 지도안 예시, 학습평가 내용이 안내되어 있으므로, 지도 전에 해당 과를 충분히 이해하는 데 활용합니다. 또한 학습자의 능력에 따라 교재의 난이도 조절이 가능하며, 흥미에 맞는 교구로 대체하여 활동을 진행할 수 있습니다.

넷, 각 단계는 4개의 과로 구성되어 있으며, 각 과 안에는 차시별 학습목표와 교사와 함께하기, 스스로 하기 내용을 포함하고 있습니다. 초기 성취능력을 확인하여 학습자가 어려움을 나타내는 영역을 우선 선택하여 지도할 수도 있습니다.

다섯, 평가하기를 통해서 자기 점검을 할 수 있으며, 놀이활동을 활용하여 응용학습의 기회를 가질 수 있습니다. 이는 난이도에 따라 1단계는 과별로, 2단계는 차시별로 구성하였습니다.

8

## ✍️ 2. 구성과 특징

　이 워크북은 2단계로 구성되어 있습니다. 1단계는 4개의 과로 구성되어 있으며, 1과 한 자리 수 인식, 2과 심상화된 수직선, 3과 수량 변별, 4과 초기 덧·뺄셈의 주제를 포함하며, 각 과는 3~4개의 차시로 각 차시별 학습목표를 제시합니다. 2단계는 4개의 과로 구성되어 있으며, 1과 두 자리 수 인식, 2과 심상화된 수직선, 3과 수량 변별, 4과 다양한 수 세기의 주제를 포함하며, 각 과는 3~4개의 차시로 각각의 차시별 학습목표를 제시합니다. 1단계에서는 한 자리 수를 사용하여 각 활동을 진행하며, 2단계에서는 두 자리 수를 사용하여 좀 더 심화된 단계로 나아갈 수 있도록 구성하였습니다.

　각 차시는 '교사와 함께하기'와 '스스로 하기'로 구분되며, '교사와 함께하기'는 도입−기초학습−주요학습−심화학습으로 구성되어, 교사가 직접 교수를 단계적으로 실시하기 용이하게 하였으며, '스스로 하기'는 교사와 함께하기 내용과 연계되어 배운 내용을 스스로 응용 및 복습할 수 있도록 구성하였습니다.

　1단계는 각 과의 마지막 차시에 평가 및 놀이활동이 제시되어 있으며, 2단계는 난이도가 높아짐에 따라 각 과의 차시마다 평가와 놀이활동이 제시되어 있어 내용 이해를 돕고 배운 내용을 확인할 수 있도록 구성하였습니다.

### 교사와 함께하기 👨

| 수업시간 | 20~30분 |
|---|---|
| 방식 | 1:1 개별 지도 및 소집단 지도 |

#### 1) 학습목표를 설명합니다

　초기수학과 기술들의 개념과 원리를 이해하고 연습할 수 있도록 구성하였습니다. 각 차시별로 주제에 맞는 학습목표를 도입활동에 제시하였습니다.

#### 2) 도입학습을 합니다

　차시 학습목표를 달성하기 위해 관련된 기본 개념을 익힐 수 있는 활동으로 구성하였습니다. 도입학습의 활동목표를 제시하고, 개념과 원리를 소개하는 활동을 포함합니다.

### 3) 기초학습을 합니다

기초학습에서는 학습한 개념을 바탕으로 본격적으로 문제를 해결하고, 이를 활용하여 기본 개념을 반복적으로 익힐 수 있도록 구성하였습니다.

### 4) 주요학습을 합니다

주요학습에서는 기초학습에서 충분히 익힌 개념을 활용하여 좀 더 난이도가 있는 활동을 합니다. 주요학습을 통해 개념을 이해한 것을 확인하고 원리를 응용하여 문제풀이를 할 수 있도록 구성하였습니다.

### 5) 심화학습을 합니다

심화학습에서는 각 차시에서 익힌 개념과 원리 및 관련 문제풀이 방법을 사용하여 심화된 활동을 할 수 있도록 구성하였습니다.

### 스스로 하기

기초학습과 주요학습 내용이 연계되는 활동으로 구성하여 교사와 함께하기 활동을 통해서 학습한 내용을 복습할 수 있습니다. 교사와 함께하기 활동을 마친 후 스스로 하기 활동을 통해서 각 차시에서 익힌 개념과 원리를 다시 한번 확인할 수 있도록 합니다.

## 차례

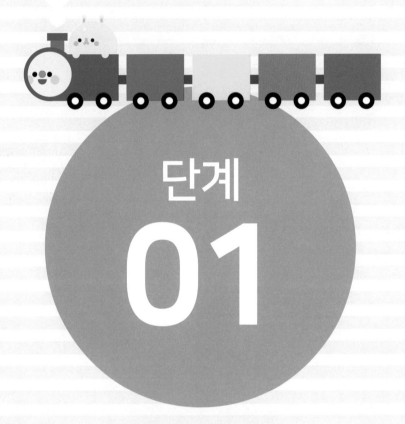

# 단계 01

# 1과. 한 자리 수 인식

## 1. 개관

### 가. 개념 및 원리

수학학습의 초기기술로 수감각 발달이 있습니다(number sense development)(김동일, 2011). 수감각은 수학 관련 문제를 해결하는 데 반드시 필요한 요소로, 수 관련 직관력이라고 정의할 수 있으며(NCTM, 1989), 수감각 개념은 수의 의미에 대한 이해에서 수관계에 대한 이해까지 넓게 포괄하고, 일생의 과정을 걸쳐 개발됩니다(Reys, 1991). 초기 수감각은 초등학교 저학년 학습자의 연산능력에 영향을 미치는 중요한 변인이며(김동일 외, 2009), 학령기 전 수감각능력은 초등학교 1학년 수학능력을 예측할 수 있는 중요 변인입니다(Baker, 2002). 수감각이 뛰어난 학습자는 ① 수의 의미를 이해함, ② 수들 사이의 관계를 이해함, ③ 수의 상대적인 크기를 인식함, ④ 연산의 상대적인 효과를 인식함, ⑤ 실제 계산 상황에 이를 적용함 등이 특징으로 나타납니다(National Council of Teachers of Mathematics: NCTM, 1989).

### 나. 수학 이야기

즉지란?

즉지(subitizing)는 라틴어 'sudden(빠른)'을 어원으로 가지며, 본능적으로 수량을 인지하는 것을 뜻합니다. Starkey와 동료들(Starkey, Spelke, & Gelman, 1980, 1990)은 12개월 미만 영아들을 대상으로 실시한 연구에서 이 영아들이 3개 이내의 수량을 본능적으로 인지하는데, 이러한 능력은 수감각의 기본능력이며 학습자의 수학발달을 예측하고 발달시키는 데 중요한 기술임을 확인하였습니다(안승철, 2010).

## 2. 전개 계획

| 차시 | 주제 | 학습목표 |
|---|---|---|
| 1 | 숫자 이름 알기 | '1~9' 수를 가리키는 언어를 안다. |
| 2 | 1 큰 수, 1 작은 수 | 1 큰 수와 1 작은 수 개념을 안다. |
| 3 | 구체물 수 세기 | 1~9의 수를 읽고 쓸 수 있으며, 구체물로 나타낼 수 있다. |
| 4 | 반구체물 수 세기 | 1~9의 수를 읽고 쓸 수 있으며, 반구체물로 나타낼 수 있다. |

## 3. 지도 유의사항

• 숫자 이름을 사용할 때 일관적인 이름, 즉 '일, 이, 삼……'을 사용하도록 학습자와 약속합니다.
• 1~5의 개념을 충분히 익힌 뒤 6~9 개념을 학습하도록 합니다.
• 반구체물 사용 시 초기에는 같은 종류(예: 동그라미)를 사용하여 개념을 충분히 익힌 뒤 여러 종류의 반구체물을 사용하여 개념을 확장합니다.

## 4. 중재 지도안 예시

| 단계 | 1단계 1과 1차시 '숫자 이름 알기' |
|---|---|
| 활동목표 | '1~9' 수를 가리키는 말을 안다. |
| 활동자료 | 강아지카드, 동그라미카드, 숫자카드, 숫자이름카드, 숫자이름스티커 |
| 도입 | • 숫자 '1'에 대해 이야기한다.<br>• 학습목표에 대해 이야기한다. |

| | | |
|---|---|---|
| 전개 | 개념 이해 | • 수량에 따른 숫자와 숫자 이름 개념을 이해한다. |
| | 공통점 알기 | • 구체물을 세고 숫자를 안다.<br>• 숫자와 숫자 이름 짝 개념을 안다. |
| | 개념 정의하기 | • 수량에 맞는 숫자와 숫자 이름을 익힌다. |
| | 개념 특성 알기 | • 두 가지 숫자 이름을 안다. |
| 적용 | 개념 익히기 | • 숫자와 숫자 이름을 다양하게 표현한다. |
| 정리 및 평가 | | • 학습 내용 정리 및 평가를 한다.<br>• 2차시를 예고한다. |

## 5. 학습평가

| 차시 | 평가 내용 | 평가 방법 |
|---|---|---|
| 1 | 1에서 9까지의 숫자 이름을 말할 수 있다. | 수량–숫자–숫자이름을 1에서 9까지 짝지을 수 있다. |
| 2 | 1 큰 수와 1 작은 수를 말할 수 있다. | 1 증가/1 감소에 따른 숫자변화를 표현(말 또는 그림으로)할 수 있다. |
| 3 | 구체물을 사용하여 1에서 9까지의 수를 셀 수 있다. | 구체물을 사용하여 수 세기 놀이를 할 수 있다. |
| 4 | 반구체물을 사용하여 1에서 9까지의 수를 셀 수 있다. | 반구체물을 사용하여 수 세기 놀이를 할 수 있다. |

# 01 차시  숫자 이름 알기

📖 **학습목표** • '1~9' 수를 가리키는 언어를 안다.

## 도입
교사와 함께하기

🗨 활동목표: 숫자 '1'을 나타내는 방법을 안다.

바나나가 몇 개 있나요?

바나나가 한 개 있습니다.

바나나가 한 개는 숫자로 '1'이라고 쓰고,

'일' 또는 '하나'라고 읽습니다.

동그라미가 몇 개 있나요?

동그라미가 한 개 있습니다.

동그라미가 한 개는 숫자로 '1'이라고 쓰고,

'일' 또는 '하나'라고 읽습니다.

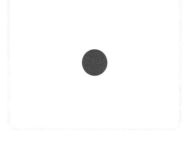    

## 기초학습

 활동목표: '1~5' 개념을 알고 수를 나타내는 이름을 안다.

**1** 사과가 몇 개 있나요?

**2** 사과가 한 개 있습니다. 숫자와 숫자의 이름을 따라 써 봅시다.

| Ｉ | 일 | 하나 |
|---|---|---|

**3** 사과가 몇 개인지 세고, 알맞은 숫자와 이름을 따라 써 봅시다.

| 2 | 이 | 둘 |
|---|---|---|
| 3 | 삼 | 셋 |
| Ц | 사 | 넷 |
| 5 | 오 | 다섯 |

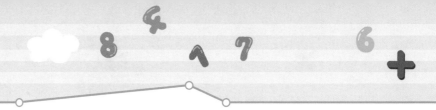

🔒 활동목표: '5~6' 개념을 알고 수를 나타내는 이름을 안다.

④ 사과가 몇 개인지 세어 봅시다. 숫자와 숫자의 이름을 따라 써 봅시다.

| 5 | 오 | 다섯 |

⑤ 사과가 몇 개인지 세고, 알맞은 숫자와 이름을 따라 써 봅시다.

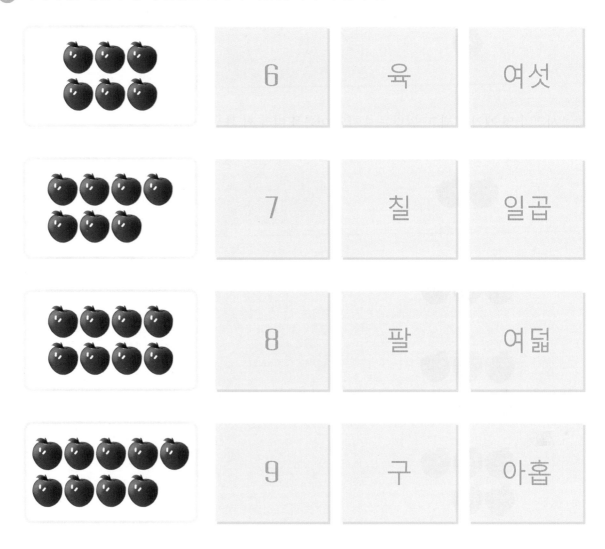

| 6 | 육 | 여섯 |
| 7 | 칠 | 일곱 |
| 8 | 팔 | 여덟 |
| 9 | 구 | 아홉 |

## 주요학습

활동목표: '1~9' 수의 이름을 학습한다.

활동자료: 강아지카드, 동그라미카드, 숫자카드, 숫자이름카드

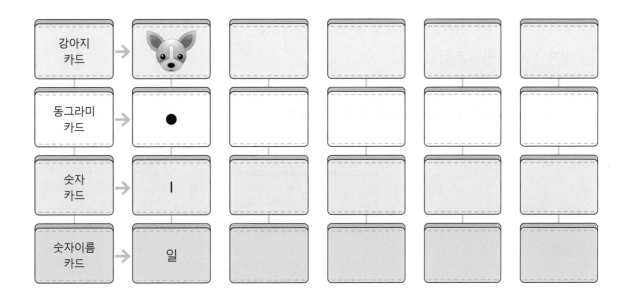

**1** 똑같은 수량의 강아지카드와 동그라미카드를 연결하여 짝을 지어 봅시다.

**2** 짝지은 카드에 알맞은 숫자카드를 연결해 봅시다.

**3** ①과 ②에 이어 바른 숫자이름카드를 연결해 봅시다.

**4** ①~③의 짝지어진 카드들을 숫자대로 나열하여 읽어 봅시다.

**5** 아동이 수량과 숫자 및 수의 이름을 학습한 후, 한 종류의 숫자카드들을 섞습니다(예: 숫자카드들만 떼어 섞기).

**6** 분리하여 섞인 카드들을 아동이 바르게 연결합니다.

**7** ⑥을 성공적으로 마치면 다른 종류의 카드를 떼어 ⑤와 ⑥을 반복합니다.

**8** 마지막으로 모든 종류의 카드를 섞은 후 적절히 연결하여 배열합니다.

### 교사 TIP

◆ '1~3'부터 시작하여 '1~5' '1~7' '1~9' 등으로 수준에 따라 적절한 단계로 수의 범위를 점차 넓혀 가며 활동을 실시합니다.

◆ 시간을 기록하여 점점 빠르게 짝지어 봅니다.

◆ 학생의 흥미를 반영하여 활동자료를 준비합니다(예: 강아지카드 대신 고양이카드).

◆ 학생이 직접 카드를 그리는 활동으로 실시할 수 있습니다.

## 심화학습

활동목표: '하나'부터 '아홉'까지 언어를 다양하게 말할 수 있다.

활동자료: 숫자이름스티커(부록)

**1** 숫자들은 두 개의 이름을 가지고 있습니다.

**2** 숫자 '1'은 '일'이라고 읽습니다.

**3** 숫자 '1'의 다른 이름은 '하나'입니다.

**4** 숫자가 적힌 칸에 알맞은 숫자이름을 붙여 보세요.

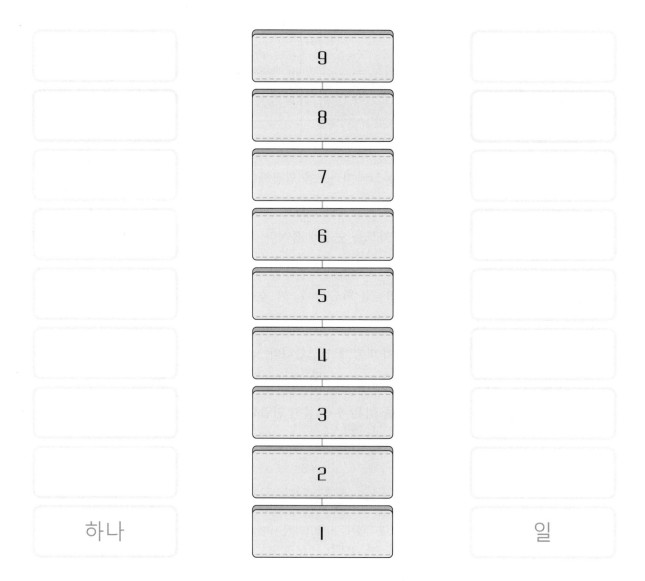

| 하나 | 9 | |
| | 8 | |
| | 7 | |
| | 6 | |
| | 5 | |
| | 4 | |
| | 3 | |
| | 2 | |
| 하나 | 1 | 일 |

## 개념학습활동

스스로 하기

■ 동그라미의 개수에 알맞은 숫자와 숫자 이름을 찾아 줄을 그어 보세요.

 ●     ● 1 ●     ● 일

 ●     ● 9 ●     ● 이

 ●     ● 2 ●     ● 삼

 ●     ● 6 ●     ● 사

 ●     ● 3 ●     ● 오

 ●     ● 4 ●     ● 육

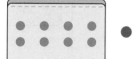 ●     ● 7 ●     ● 칠

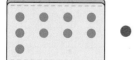 ●     ● 5 ●     ● 팔

●     ● 8 ●     ● 구

## 주요학습활동    스스로 하기

■ 알맞은 칸을 찾아 ○표해 봅시다.

**1** 5를 나타낸 칸을 찾아 ○표 하세요.

| | 일 | ★★★★★ |
|---|---|---|
| 다섯 | 5 | ∥ |
| (주사위) | 오 | (손) |

**2** 6을 나타낸 칸을 찾아 ○표 하세요.

| 육 | (주사위) | ㄴ |
|---|---|---|
| (바나나) | 6 | (점 6개) |
| 칠 | 8 | 여섯 |

**3** 2를 나타낸 칸을 찾아 ○표 하세요.

| (주사위) | ㄴ | 둘 |
|---|---|---|
| (손) | 2 | (점 2개) |
| 이 | (손가락) | 아홉 |

**4** 8을 나타낸 칸을 찾아 ○표 하세요.

| 여덟 | (주사위) | 3 |
|---|---|---|
| (손) | 8 | (점 9개) |
| (케이크) | 팔 | 하나 |

# 02차시  1 큰 수, 1 작은 수

📖 **학습목표**  • 1 큰 수와 1 작은 수 개념을 안다.

## 도입

 활동목표: 1 큰 수와 1 작은 수를 안다.

바나나가 몇 개 있나요?

바나나가 1개 있습니다.

바나나가 1개 더 있으면 바나나는 모두 몇 개일까요?

빈칸에 바나나 모양을 그리고, 바나나를 세어 봅시다.

바나나는 모두 2개입니다.

이처럼 1보다 1 큰 수는 2입니다.

🔍 **확인하기**

3보다 1 큰 수를 말해 봅시다.

| | | | | | |
|---|---|---|---|---|---|
| 🍌 | 🍌 | 🍌 | | | 3 |
| 🍌 | 🍌 | 🍌 | 🍌 | | ? |

바나나가 몇 개 있나요?

바나나가 2개 있습니다.

바나나 1개가 없어지면 바나나는 모두 몇 개일까요?

바나나 1개를 손으로 가리고, 바나나를 세어 봅시다.

바나나는 모두 1개입니다.

이처럼 2보다 1 작은 수는 1입니다.

확인하기

4보다 1 작은 수를 말해 봅시다.

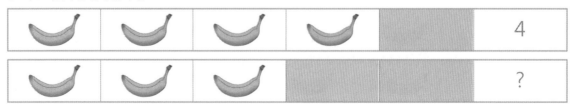

## 기초학습

활동목표: 반구체물을 보고 1 큰 수와 1 작은 수를 나타낼 수 있다.

**1** 동그라미를 세어 보고 빈칸에 알맞은 숫자를 써 봅시다.

**2** 동그라미 1개를 그려 1 큰 수를 만들어 봅시다.

**3** 동그라미를 모두 세어 보고 1 큰 수를 빈칸에 써 봅시다.

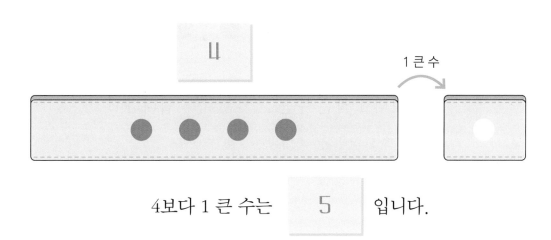

4보다 1 큰 수는　5　입니다.

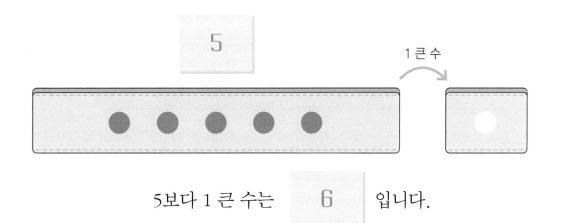

5보다 1 큰 수는　6　입니다.

4 동그라미를 세어 보고 빈칸에 알맞은 숫자를 써 봅시다.

5 동그라미 1개를 손으로 가려 1 작은 수를 만들어 봅시다.

6 동그라미를 모두 세어 보고 1 작은 수를 빈칸에 써 봅시다.

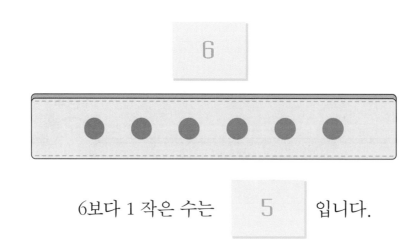

5

5보다 1 작은 수는   ㄴ   입니다.

6

6보다 1 작은 수는   5   입니다.

## 주요학습  교사와 함께하기

 활동목표: 1 큰 수와 1 작은 수를 숫자로 나타낼 수 있다.

■ 〈보기〉와 같이 1 작은 수와 1 큰 수를 알아봅시다.

<보기>

● 2보다 1 작은 수와 1 큰 수를 빈칸에 알맞게 써넣어 보세요.

| 1 | 2 | 3 |
|---|---|---|

● 이(2)보다 1 작은 수와 1 큰 수의 이름을 빈칸에 알맞게 써넣어 보세요.

| 일 | 이 | 삼 |
|---|---|---|

① 3보다 1 작은 수와 1 큰 수를 빈칸에 알맞게 써넣어 보세요.

| | 3 | |
|---|---|---|

② 5보다 1 작은 수와 1 큰 수를 빈칸에 알맞게 써넣어 보세요.

| | 5 | |
|---|---|---|

③ 육(6)보다 1 작은 수와 1 큰 수의 이름을 빈칸에 알맞게 써넣어 보세요.

| | 육 | |
|---|---|---|

④ 팔(8)보다 1 작은 수와 1 큰 수의 이름을 빈칸에 알맞게 써넣어 보세요.

| | 팔 | |
|---|---|---|

## 심화학습　　　　　　교사와 함께하기

🔖 활동목표: 1 큰 수와 1 작은 수 놀이를 할 수 있다.

📚 활동자료: '1 큰 수' 카드, '1 작은 수' 카드, 구체물, 반구체물, 숫자카드, 숫자이름카드

**교사 TIP**

◆ '1 큰 수' 카드와 '1 작은 수' 카드는 눈에 잘 띄도록 큰 크기로 만듭니다.

◆ 학생의 흥미를 반영하여 활동자료를 제작합니다.

① '1 큰 수' 카드와 '1 작은 수' 카드를 책상 위에 올려 둡니다.

② 먼저 '1 큰 수' 카드로 활동을 시작합니다.

③ 아동은 구체물 모형, 숫자카드 1개를 왼편에 둡니다.

④ 아동은 카드 오른편에 구체물 모형, 숫자 '1 큰 수' 카드를 둡니다.

| 칠 | 1 큰 수 | 팔 |
|---|---|---|

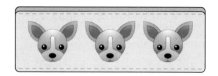

⑤ 숫자에 변화를 주며 ④를 반복합니다.

⑥ '1 큰 수' 활동을 마친 후 '1 작은 수' 카드로 ③~⑤를 반복합니다.

32　**1단계** 〈1과〉 한 자리 수 인식

# 개념학습활동

■ 다음의 그림과 숫자에 알맞은 1 큰 수는 무엇일까요?

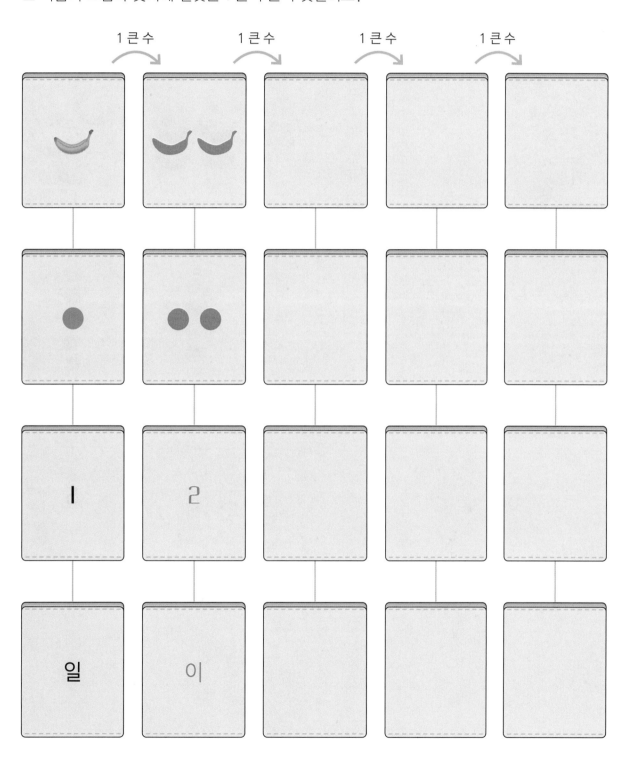

## 주요학습활동

■ 다음의 그림과 숫자에 알맞은 1 작은 수는 무엇일까요?

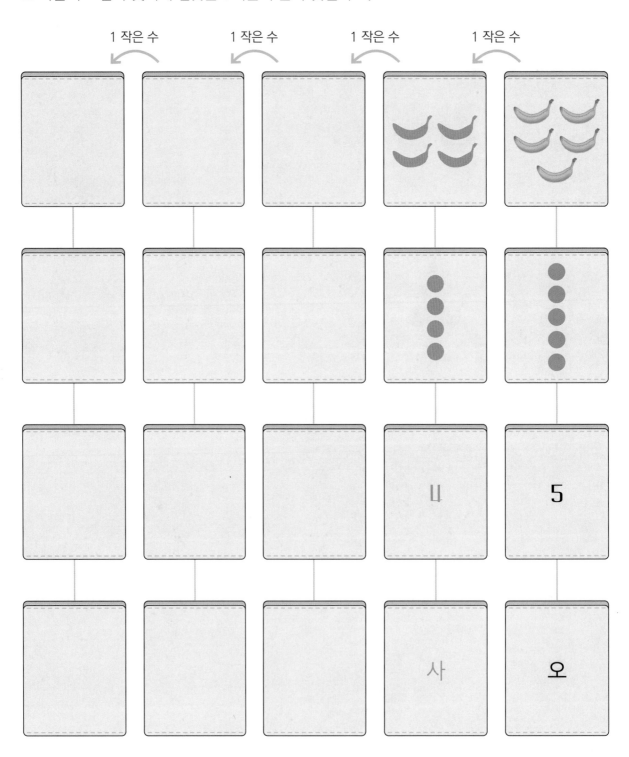

# 03차시  구체물 수 세기

📖 **학습목표** • '1~9'의 수를 읽고 쓸 수 있으며, 구체물로 나타낼 수 있다.

## 도입

교사와 함께하기

🔖 활동목표: 보물 모으기 놀이를 통하여 구체물을 사용하여 1~9의 수 세기를 할 수 있다.

📖 활동자료: 보자기 2장, 보물 그릴 종이, 가위, 색연필, 숫자판 2개, 1 증가 카드, 1 감소 카드

**1** 보자기 2장을 준비하여 한 보자기에는 아동이 직접 그린 보물카드(예: 자동차 그림) 9개를 넣고, 다른 보자기에는 1 증가/1 감소 카드를 여러 장 섞어 넣습니다.

**교사 TIP**
◆ 아동이 그린 9개의 보물카드를 학생과 함께 세어 봅니다.
◆ 활동자료는 학생의 흥미를 반영하여 직접 만듭니다.

**2** 교사와 아동이 번갈아 가며 보물보자기에서 보물카드를 고릅니다. 고른 카드를 숫자판에 차례대로 올려놓으세요.

**교사 TIP**
교사는 숫자판의 숫자 아래에 보물카드를 놓습니다. 학생과 함께 보물카드를 세고, 알맞은 숫자 이름을 말합니다.
(예: 구체물을 숫자 3 아래 놓을 경우, 숫자 '3'의 이름을 말합니다.)
교사: 보물카드가 하나, 둘, 셋, 세 개가 있네(아동과 함께 세며). 이때 숫자 이름은 뭐지? 세 개가 있을 때, 3(삼)이라고 해.

**3** 교사와 아동이 번갈아 가며 3회 동안 1 증가/1 감소 보자기에서 카드를 하나씩 고릅니다. 1 증가가 나오면, 보물카드 보자기에서 카드 1개를 꺼내어 숫자판에 차례대로 놓습니다. 1 감소가 나오면 숫자판에 올려놓은 카드 중 1개를 보물카드 보자기에 넣습니다. 활동 종료 후 가장 많은 보물카드를 모은 사람이 이기는 놀이를 합니다.

| 1 | 2 | 3 | 4 | 5 | 6 | 7 | 8 | 9 |
|---|---|---|---|---|---|---|---|---|
|   |   |   |   |   |   |   |   |   |

〈숫자판 예시〉

# 기초학습

활동목표: 구체물을 사용하여 숫자 3을 표현할 수 있다.

활동자료: 보자기 2장, 보물 그릴 종이, 가위, 색연필, 숫자판 2개, 1 증가 카드, 1 감소 카드

**1** 숫자 3을 만들어 봅니다.

**2** 다음의 숫자가 그려진 칸 안에 서로 번갈아 가며 구체물을 넣어 3을 만들어 봅시다.

**교사 TIP**

교사가 구체물 1개를 넣으면, 아동이 구체물을 1개 또는 2개를 넣습니다. 아동이 1개를 넣을 경우 교사는 다음 순서에서 1개를 넣고, 2개를 넣을 경우 아동에게 구체물의 양을 세고 알맞은 숫자를 말하게 지도해 주세요. 3을 나타내는 법을 다양하게 표현하는 것을 지도해 주세요.

**3** 구체물을 왼쪽에서 오른쪽(→)으로 세어 보고, 반대 방향으로도 세어 봅시다. 양이 똑같은 것을 확인하도록 합니다.

3

**4** 구체물 3개를 각각 1개씩 표현해 봅시다. 수를 세어 봅시다.

<예>

**5** 구체물 3개를 각각 1개와 2개로 표현해 봅시다. 수를 세어 봅시다.

**6** 다른 수를 다양하게 표현해 봅시다.

# 주요학습

활동목표: 구체물로 숫자 5를 표현할 수 있다.

활동자료: 자신이 좋아하는 구체물 5개

**1** 구체물을 나열하여 숫자 5를 만들어 봅시다.

<보기>

**2** 구체물을 2개와 3개로 나열하여 5를 완성해 봅시다.

**3** 구체물을 4개와 1개로 나열하여 5를 완성해 봅시다.

**교사 TIP**

또 다른 방법으로 5를 표현할 수 있도록 지도해 주세요. (예: 1-1-3, 1-2-2 등)

## 심화학습

교사와 함께하기

활동목표: 5를 표현할 수 있다.

활동자료: 사과 5개가 그려진 판, 종이

**1** 다음 그림을 보고 사과 5개를 세어 봅시다.

**2** 교사는 종이로 사과 1개를 가리고, 5가 되기 위해서는 몇 개의 사과가 필요한지 학생에게 묻습니다.

**3** 교사는 종이로 사과 2개를 가리고, 5가 되기 위해서는 몇 개의 사과가 필요한지 학생에게 묻습니다.

**4** 교사는 종이로 사과 3개를 가리고, 5가 되기 위해서는 몇 개의 사과가 필요한지 학생에게 묻습니다.

**5** 교사는 종이로 사과 4개를 가리고, 5가 되기 위해서는 몇 개의 사과가 필요한지 학생에게 묻습니다.

**교사 TIP**

활동자료는 학생의 흥미를 고려하여 직접 만들어 봅니다. (예: 사과 대신 강아지)

38 1단계 〈1과〉 한 자리 수 인식

## 개념학습활동

스스로 하기

■ 〈보기〉와 같이 그림의 수만큼 ○를 그려 봅시다.

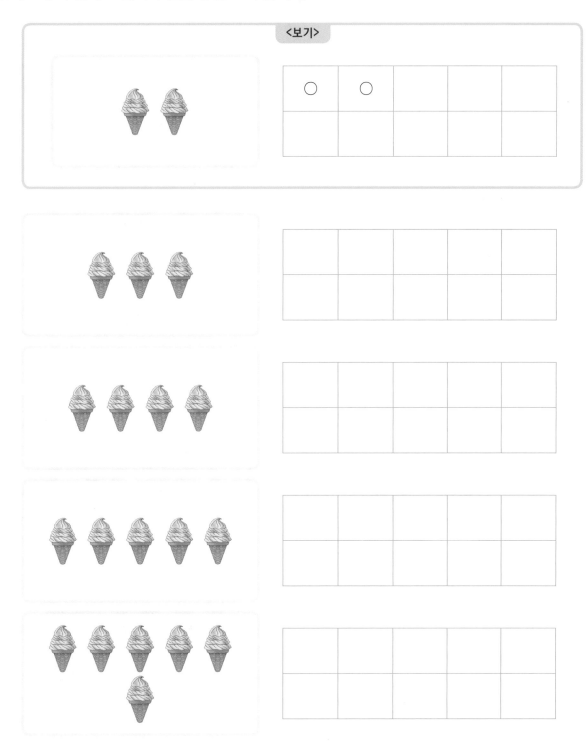

## 주요학습활동 스스로 하기

**1.** 그림의 수를 세고, 알맞은 숫자에 ○표 하세요.

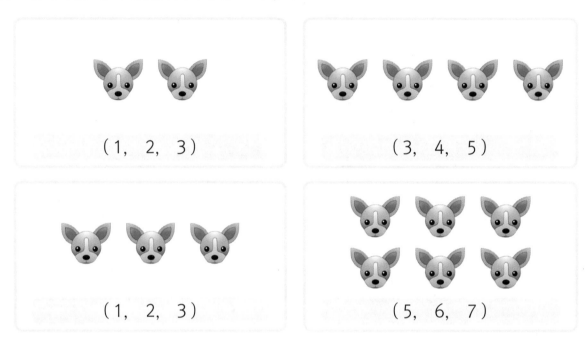

( 1, 2, 3 )　　　　( 3, 4, 5 )

( 1, 2, 3 )　　　　( 5, 6, 7 )

**2.** 그림의 수를 세고, 알맞은 숫자 이름에 ○표 하세요.

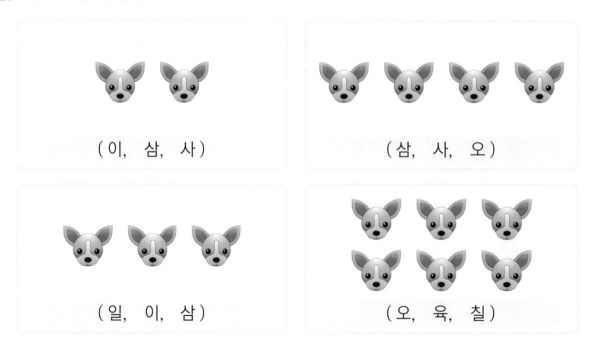

( 이, 삼, 사 )　　　　( 삼, 사, 오 )

( 일, 이, 삼 )　　　　( 오, 육, 칠 )

**3.** 그림의 수를 세고, 알맞은 숫자 이름에 ◯표 하세요.

( 다섯,   여섯,   일곱 )

( 여섯,   일곱,   여덟 )

( 일곱,   여덟,   아홉 )

( 여덟,   일곱,   여섯 )

( 아홉,   여덟,   일곱 )

**4.** 숫자를 완성하기 위해 몇 개의 사과가 더 필요할까요? 〈보기〉와 같이 빈칸에 알맞은 수만큼 사과를 그려 봅시다.

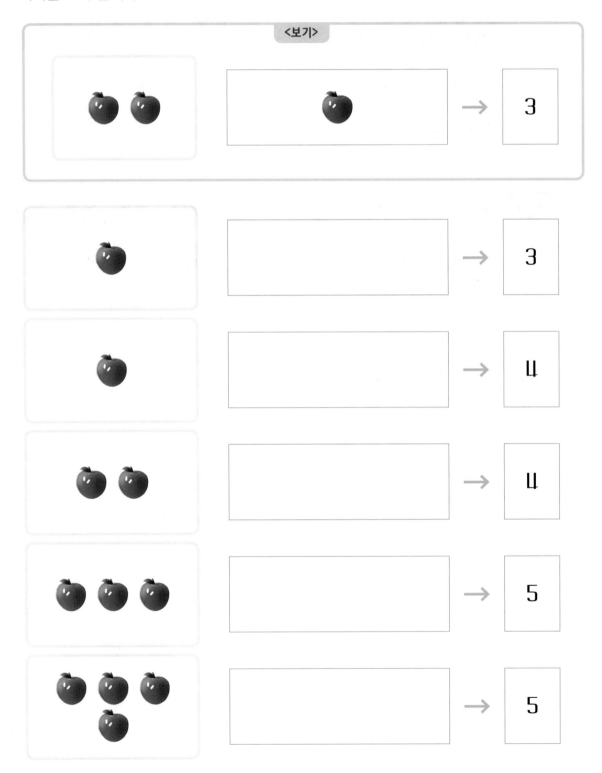

# 04차시　반구체물 수 세기

📖 **학습목표** • 1~9의 수를 읽고 쓸 수 있으며, 반구체물로 나타낼 수 있다.

## 도입

　**교사와 함께하기**

🔲 활동목표: 반구체물을 사용하여 1~9의 수를 셀 수 있다.

동그라미를 세고, 빈칸에 알맞은 숫자와 숫자 이름을 적어 보세요.

| l | | 3 | | 5 | | 7 | | 9 |
|---|---|---|---|---|---|---|---|---|
| 하나 | | 셋 | | 다섯 | | 일곱 | | 아홉 |

🔍 **확인하기**

왼쪽에서 오른쪽으로 갈수록 동그라미가 몇 개씩 커졌나요? _____ 개

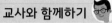

## 기초학습

교사와 함께하기

활동목표: 반구체물을 사용하여 3을 표현할 수 있다.

**1** 다음 그림에서 ◆는 모두 몇 개인가요?

**2** 3개의 ◆를 1개와 2개로 묶어 각각 ○표 하세요.

**3** 3개의 ◆를 2개와 1개로 묶어 각각 ○표 하세요.

**4** 6개의 ◆를 3개씩 묶어서 표현해 봅시다.

**5** 6개의 ◆를 2개와 4개로 묶어 각각 ○표 하세요.

활동목표: 반구체물을 사용하여 5~9를 표현할 수 있다.

활동자료: 숫자카드

**1** 다음 그림에서 ★의 개수를 세어 봅시다.

**2** 숫자카드 6을 보고, 6이 되려면 5개에서 몇 개의 ★이 더 필요한지 말해 봅시다.

**3** 숫자카드 7을 보고, 7이 되려면 5개에서 몇 개의 ★이 더 필요한지 말해 봅시다.

**4** 숫자카드 8을 보고, 8이 되려면 5개에서 몇 개의 ★이 더 필요한지 말해 봅시다.

**5** 숫자카드 9를 보고, 9가 되려면 5개에서 몇 개의 ★이 더 필요한지 말해 봅시다.

# 개념학습활동

**1.** 동그라미의 수를 세고, 〈보기〉와 같이 알맞은 숫자와 숫자 이름을 적어 봅시다.

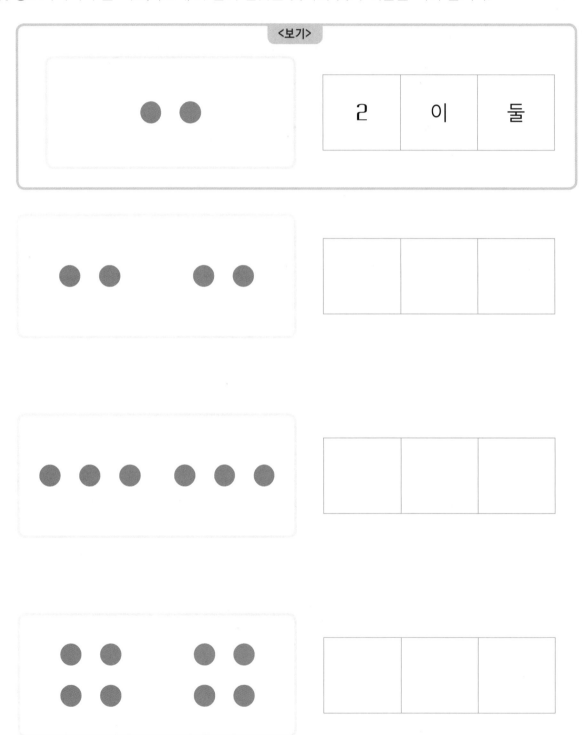

**2.** ★의 수를 세고, 알맞은 숫자에 ◯표 하세요.

( 1, 2, 3 )

( 3, 4, 5 )

( 3, 4, 5 )

( 5, 6, 7 )

**3.** ★의 수를 세고, 알맞은 숫자 이름에 ◯표 하세요.

( 오, 육, 칠 )

( 육, 칠, 팔 )

( 칠, 팔, 구 )

( 육, 오, 구 )

**4.** 숫자를 완성하기 위해 몇 개의 동그라미가 더 필요할까요? 〈보기〉와 같이 빈칸에 알맞은 수
만큼 ○를 그려 봅시다.

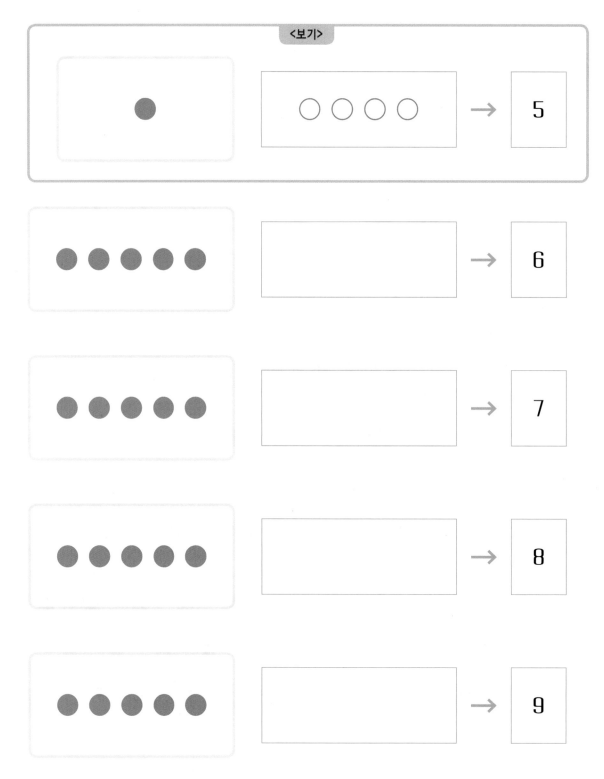

# 평가

1단계 1과에서 배운 내용입니다. 잘 읽고, 할 수 있으면 ○표 하세요.

| 차시 | 평가 내용 | ○표 하는 곳 |
|---|---|---|
| 1 | 1에서 9까지의 숫자 이름을 말할 수 있다. | |
| 2 | 1 큰 수와 1 작은 수를 말할 수 있다. | |
| 3 | 구체물을 사용하여 1에서 9까지의 수를 셀 수 있다. | |
| 4 | 반구체물을 사용하여 1에서 9까지의 수를 셀 수 있다. | |

### 놀이학습  스피드 게임

📖 활동자료: 숫자카드, 타이머

① 1~9 숫자카드를 같이 읽습니다.
② 1~9 숫자카드를 읽고 몸으로 표현하기를 연습합니다.
③ 숫자카드를 섞습니다.
④ 숫자카드를 보고 한 명이 몸으로 표현하면 상대방이 숫자 이름을 말합니다.
⑤ 1분 동안 많은 숫자를 맞춘 사람이 승리합니다.

<예시>

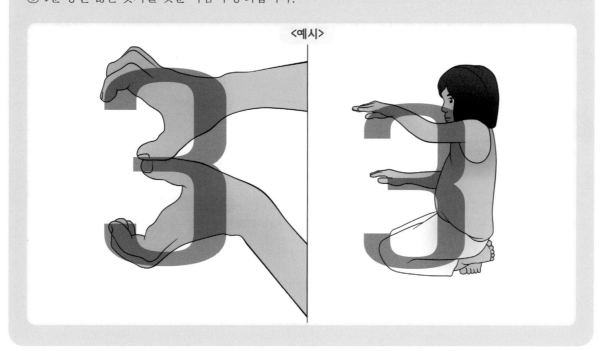

# 2과. 심상화된 수직선

##  1. 개관

### 가. 개념 및 원리

수의 순서를 익히는 것은 수 막대, 구체물, 수직선 등을 이용하여 다양하게 익힐 수 있습니다. 특히 수직선을 사용하는 것은 추상적인 개념인 수의 순서를 시각화하여 심상화할 수 있도록 합니다(Siegler & Booth, 2005, p. 428; Siegler & Opfer, 2003). 수직선을 이동하여 수의 관련성, 연산을 위한 수의 크기 비교를 익힐 수 있습니다. 학습자의 수직선을 심상화하는 능력은 지속적으로 발달하기 때문에 단계적인 지도가 필요합니다.

### 나. 수학 이야기

반응에 있어서 공간과 수의 관계(Spatial-Numerical Association of Response Codes: SNARC)란?

사람들은 일반적으로 왼쪽에서 오른쪽으로 글자를 읽기 때문에, 왼손은 작은 수에, 그리고 오른손은 큰 수에 빠른 반응을 보입니다. 이러한 특성을 SNARC 효과라 지칭합니다. 수의 방향에 대하여 공감각이 영향을 주는 SNARC 효과의 예시로, 대다수의 사람들이 선 위에 숫자들을 나열하는 형상을 떠올릴 때 왼쪽에서 오른쪽, 아래에서 위쪽으로 가는 방향을 떠올리는 것이 있습니다(Seron et al., 1992).

## 2. 전개 계획

| 차시 | 주제 | 학습목표 |
|---|---|---|
| 1 | 1~9 순서 알기 | 심상화된 수직선에서 1~9의 수를 찾을 수 있다. |
| 2 | 9~1 거꾸로 세기 | 심상화된 수직선에서 9~1의 수를 거꾸로 셀 수 있다. |
| 3 | 빠진 수 찾기 | 1~9에서 빠진 수를 찾을 수 있다. |

## 3. 지도 유의사항

- 1 작은 수, 1 큰 수의 개념을 익힐 때 구체물을 사용해 주세요.
- +1, −1 개념을 충분히 익힌 다음, 아동의 수준에 따라 +2, −2 개념으로 응용해 주세요.
- 순서대로 세기가 충분히 연습된 다음, 거꾸로 세기를 실시해 주세요.

## 4. 중재 지도안 예시

| 단계 | | 1단계 2과 3차시 '빠진 수 찾기' |
|---|---|---|
| 활동목표 | | 1~9의 빠진 수를 찾을 수 있다. |
| 도입 | | • 1, 2, 3 숫자를 사용하여 1 큰 수와 1 작은 수 개념을 익힌다.<br>• 1~9로 확대하여 1 큰 수와 1 작은 수 개념을 사용하여 알맞은 숫자 찾기를 한다. |
| 전개 | 개념 이해 | 1~3, 4~6, 7~9 숫자 묶음을 사용하여 가운데 위치한 숫자와 앞뒤 숫자의 관계를 안다. |
| | 공통점 알기 | 1 증가하는 숫자를 나열하여 빈칸 앞뒤의 1 큰 수와 1 작은 수를 확인하여 빈칸 안의 숫자를 찾는 활동을 한다. |
| | 개념 정의하기 | 순서대로 1 증가하는 숫자에서 빠진 수는 앞에 있는 수보다 크고, 뒤에 있는 수보다 작다는 것을 익힌다. |
| | 개념 특성 알기 | 빈칸에 올 수 있는 숫자의 특성을 말한다. |
| 적용 | 개념 익히기 | 숫자가 나열되어 있을 때, 빈칸의 위치(첫 번째, 두 번째, 세 번째 등)를 바꿔 가며 알맞은 숫자를 찾는 것을 연습한다. |
| 정리 및 평가 | | 배운 내용을 스스로 말해 본다. 1 큰 수와 1 작은 수를 사용해 제시하는 숫자 나열에서 빠진 수를 찾는다. |

## 5. 학습평가

| 차시 | 평가 내용 | 평가 방법 |
|---|---|---|
| 1 | 심상화된 수직선에서 1~9 순서의 개념을 안다. | 첫째~아홉째의 순서와 숫자를 알맞게 말할 수 있다. |
| 2 | 심상화된 수직선에서 9~1 거꾸로 세기를 한다. | 심상화된 수식선에서 9~1 거꾸로 세기를 말할 수 있다. |
| 3 | 1~9의 빠진 수를 찾을 수 있다. | 1 큰 수, 1 작은 수를 사용해 빠진 수를 말할 수 있다. |

# 01 차시　1~9 순서 알기

📖 **학습목표** · 심상화된 수직선에서 1~9의 수를 찾을 수 있다.

## 도입
교사와 함께하기

🗝 활동목표: 1~9를 순서대로 나타낼 수 있다.

지혜, 민수, 슬기가 달리기를 하고 있어요.

1️⃣ 가장 먼저 들어온 친구는 누군가요? _____가 가장 먼저 들어왔어요!

2️⃣ 가장 늦게 들어온 친구는 누군가요? _____가 가장 늦게 들어왔어요!

3️⃣ 첫째로 들어온 친구는 누군가요? _____가 첫째로 들어왔어요!

4️⃣ 둘째로 들어온 친구는 누군가요? _____가 둘째로 들어왔어요!

5️⃣ 셋째로 들어온 친구는 누군가요? _____가 셋째로 들어왔어요!

## 기초학습

교사와 함께하기

활동목표: 1부터 9까지의 순서를 나타내는 말을 안다.

**1** 1과에서 배운 숫자와 이름을 확인해 봅니다.

**2** 순서를 나타낼 때는 '~째'라고 말합니다.

| 1 | 2 | 3 | 4 | 5 | 6 | 7 | 8 | 9 |
|---|---|---|---|---|---|---|---|---|
| 첫째 | 둘째 | 셋째 | 넷째 | 다섯째 | 여섯째 | 일곱째 | 여덟째 | 아홉째 |

**3** 동물들의 순서를 빈칸에 알맞게 적어 보세요.

| 1 | 2 | 3 | 4 | 5 |

동물은 모두 <u>다섯</u> 마리가 있습니다.

쥐의 순서는 <u>첫째</u> 입니다.

소의 순서는 _____ 입니다.

호랑이의 순서는 _____ 입니다.

토끼의 순서는 _____ 입니다.

원숭이의 순서는 _____ 입니다.

**약속하기**

◆ 순서를 셀 때는 왼쪽에서 오른쪽으로 수 세기를 해요.
◆ 오른쪽으로 갈수록 1씩 커져요.

## 주요학습

활동목표: 1부터 9까지의 순서를 나타내는 언어의 위치를 한다.

**1** 순서를 나타내는 말을 (   ) 안에 알맞게 적어 봅시다.

| ● | ● | ● | ● | ● |
|---|---|---|---|---|
| 1 | 2 | 3 | 4 | 5 |

동그라미 다섯 개가 있습니다.

검은색 동그라미는 (        )째 순서에 있습니다.

파란색 동그라미는 (        )째 순서에 있습니다.

초록색 동그라미는 (        )째 순서에 있습니다.

보라색 동그라미는 (        )째 순서에 있습니다.

빨간색 동그라미는 (        )째 순서에 있습니다.

**2** 동물의 순서에 알맞게 선을 연결해 보세요.

❸ 순서에 알맞게 그려 봅시다.

★　▲　●　■　★　▲　●　■　★

둘째 순서에 있는 모양은 무엇인가요? (　　　　)

넷째 순서에 있는 모양은 무엇인가요? (　　　　)

일곱째 순서에 있는 모양은 무엇인가요? (　　　　)

아홉째 순서에 있는 모양은 무엇인가요? (　　　　)

❹ 순서에 알맞은 숫자를 빈칸에 적어 봅시다.

| 첫째 | 둘째 | 셋째 | 넷째 | 다섯째 | 여섯째 | 일곱째 | 여덟째 | 아홉째 |
|------|------|------|------|--------|--------|--------|--------|--------|
| 1 |  |  |  |  |  |  |  |  |

# 심화학습

활동목표: 숫자카드를 순서대로 놓을 수 있다.

활동자료: 숫자카드 2벌

**1** 숫자카드를 순서대로 작은 수부터 2개씩 짝지어 나란히 놓습니다.

(예: 1|2, 3|4, 5|6, 7|8, 8|9)

**2** 1, 2 숫자카드를 보며 2는 1보다 1 큰 수인 것을 확인합니다.

**3** 3, 4 숫자카드로 〈보기〉와 같이 학습해 봅시다.

빨간색 네모에 있는 숫자를 읽어 봅시다. 빨간색 네모에 있는 숫자는 3(삼)이에요.
파란색 네모에 있는 숫자를 읽어 봅시다. 파란색 네모에 있는 숫자는 4(사)예요.
3보다 1 큰 수는 4예요. 4보다 1 작은 수는 3이에요.

**4** 알맞은 1 큰 수를 순서대로 적어 보세요.

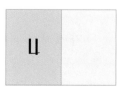

## 개념학습활동

■ 친구들의 키를 작은 순서대로 적어 봅시다.

친구들이 키를 재고 있어요.

**1** 첫째로 키가 작은 친구는 누구인가요? _____가 첫째로 작아요!

**2** 둘째로 키가 작은 친구는 누구인가요? _____가 둘째로 작아요!

**3** 셋째로 키가 작은 친구는 누구인가요? _____가 셋째로 작아요!

## 주요학습활동 스스로 하기

**1.** 다음 동물카드를 보고 순서에 알맞은 동물을 찾아보세요.

① 셋째 순서에 있는 동물을 찾아 ○표 하세요.

② 다섯째 순서에 있는 동물을 찾아 ○표 하세요.

③ 일곱째 순서에 있는 동물을 찾아 ○표 하세요.

④ 아홉째 순서에 있는 동물을 찾아 ○표 하세요.

**2.** 순서에 맞게 알맞은 숫자를 빈칸에 써 보세요.

①

②

③

④

# 02차시    9~1 거꾸로 세기

📖 **학습목표** • 심상화된 수직선에서 9~1의 수를 거꾸로 세기 할 수 있다.

## 도입    교사와 함께하기

💬 활동목표: 9~1을 거꾸로 셀 수 있다.

동그라미를 세고 알맞은 숫자를 ☐ 에 써 봅시다.

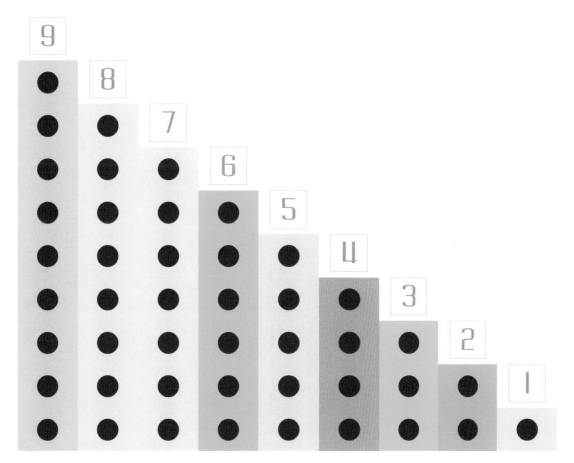

🔍 **확인하기**

오른쪽(→)으로 갈수록 동그라미가 몇 개씩 줄었나요?

활동목표: 반구체물을 사용하여 1~9의 숫자 이름을 거꾸로 말할 수 있다.

활동자료: 지우개스티커(부록)

**1** 맨 위의 동그라미 칸에 지우개스티커를 붙여 보세요.

**2** 남은 동그라미를 세고, 알맞은 숫자 이름을 말해 봅시다.

**3** 위에서부터 차례대로 지우개스티커를 붙이고, 알맞은 이름을 말해 봅시다.

| ● | 9 | 구 |
| ● | 8 | 팔 |
| ● | 7 | 칠 |
| ● | 6 | 육 |
| ● | 5 | 오 |
| ● | 4 | 사 |
| ● | 3 | 삼 |
| ● | 2 | 이 |
| ● | 1 | 일 |

## 주요학습

활동목표: 1~5 숫자카드를 거꾸로 놓을 수 있다.

활동자료: 숫자카드

**1** 숫자카드를 순서대로 큰 수부터 2개씩 짝지어 나란히 놓습니다.

(예: 5|4, 3|2, 2|1)

**2** 2, 1 숫자카드를 보며 1은 2보다 1 작은 수인 것을 확인합니다.

**3** 4, 3 숫자카드로 〈보기〉와 같이 학습해 봅시다.

〈보기〉

| 4 | 3 |

빨간색 네모에 있는 숫자를 읽어 봅시다. 빨간색 네모에 있는 숫자는 4(사)예요.
파란색 네모에 있는 숫자를 읽어 봅시다. 파란색 네모에 있는 숫자는 3(삼)이에요.
4보다 1 작은 수는 3이에요.

**4** 알맞은 1 작은 수를 순서대로 적어 보세요.

| 5 |  |

활동목표: 1~9 숫자카드를 거꾸로 놓을 수 있다.

활동자료: 숫자카드

**1** 숫자카드를 순서대로 큰 수부터 2개씩 짝지어 나란히 놓습니다.

(예: 9|8, 8|7, 7|6)

**2** 6, 5 숫자카드를 보며 5는 6보다 1 작은 수인 것을 확인합니다.

**3** 빈칸에 들어갈 숫자를 알맞게 적어 보세요.

&lt;보기&gt;

| 6 | 5 |
|---|---|

빨간색 네모에 있는 숫자를 읽어 봅시다. 빨간색 네모에 있는 숫자는 6(육)이에요.
파란색 네모에 있는 숫자를 읽어 봅시다.
파란색 네모에 있는 숫자는 5(오)입니다.
6보다 1작은 수는 5입니다.

**4** 알맞은 1작은 수를 순서대로 적어 보세요.

| 9 | |   | 7 | |   | 5 | |   | 3 | |
|---|---|---|---|---|---|---|---|---|---|

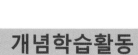

# 개념학습활동

**1.** 친구들의 키를 큰 순서대로 적어 봅시다.

친구들이 키를 재고 있어요.

**1** 첫 번째로 키가 큰 친구는 누구인가요? _____가 첫 번째로 커요!

**2** 두 번째로 키가 큰 친구는 누구인가요? _____가 두 번째로 커요!

**3** 세 번째로 키가 큰 친구는 누구인가요? _____가 세 번째로 커요!

**2.** 순서에 맞게 알맞은 숫자를 빈칸에 써 보세요.

① 

| 5 | 4 |  |  | 1 |
|---|---|---|---|---|

② 

| 6 |  |  | 3 | 2 |
|---|---|---|---|---|

③ 

| 7 |  | 5 |  | 3 |
|---|---|---|---|---|

④ 

| 8 |  |  | 5 | 4 |
|---|---|---|---|---|

⑤ 

| 9 |  | 7 |  | 5 |
|---|---|---|---|---|

# 03차시 빠진 수 찾기

📖 **학습목표** • 1~9의 빠진 수를 찾을 수 있다.

## 도입

교사와 함께하기

💬 활동목표: 1~9의 숫자를 순서대로 배열했을 때, 순서의 의미를 안다.

**1** 1보다 1 큰 수는 무엇일까요?

**2** 3보다 1 작은 수는 무엇일까요?

**3** 1과 3 사이에 있는 수를 생각해 봅시다.

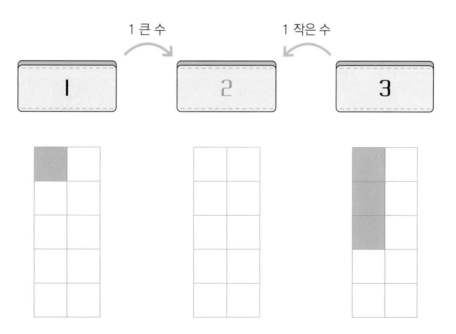

2 는 1보다 1 큰 수입니다.

2 는 3보다 1 작은 수입니다.

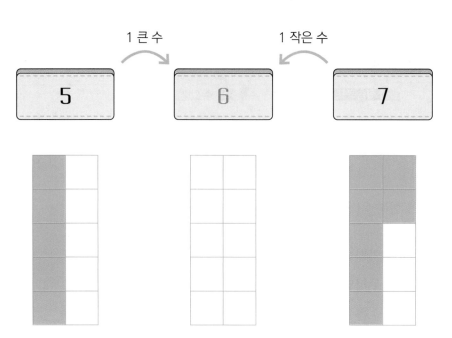

1 큰 수　　　　　1 작은 수

| 5 | 6 | 7 |

6 은 5보다 1 큰 수입니다.

6 은 7보다 1 작은 수입니다.

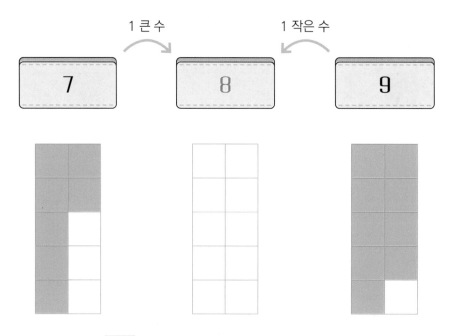

1 큰 수　　　　　1 작은 수

| 7 | 8 | 9 |

8 은 7보다 1 큰 수입니다.

8 은 9보다 1 작은 수입니다.

# 기초학습

💬 활동목표: 1~9의 수를 순서대로 배열했을 때, 빠진 수를 찾아 쓰고 나타낼 수 있다.

**1** 1~9의 수를 순서대로 배열하려고 합니다. 빠진 수만큼 색칠하고, 숫자를 써 봅시다.

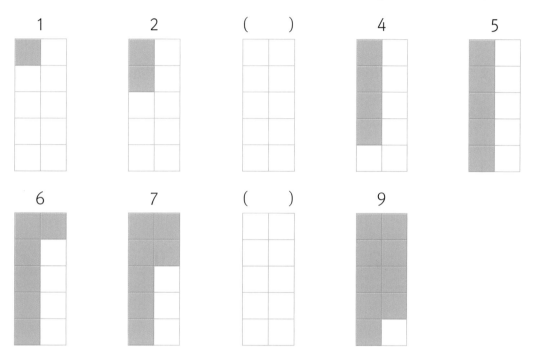

| 1 | 2 | ( ) | 4 | 5 |
| 6 | 7 | ( ) | 9 | |

**2** 숫자를 순서대로 배열했을 때, 오른쪽(→) 수는 얼마씩 커졌나요? _____

**3** 숫자를 순서대로 배열했을 때 사이에 올 숫자를 써 봅시다.

| 2 | ( ) | 4 |
|---|---|---|
| 4 | ( ) | 6 |
| 6 | ( ) | 8 |

**4** 다음과 같이 숫자를 순서대로 배열했을 때 가장 작은 수에 ○표 하세요.

| 5 | 6 | 7 |
|---|---|---|

**5** 6은 5보다 1 큰 수입니다. 7은 6보다 얼마가 큰 수일까요? _____

## 주요학습

활동목표: 1~9를 순서대로 나열하였을 때, 빠진 수의 위치를 안다.

**1** 네모 칸 안의 숫자를 읽어 봅시다.

**2** 빈칸의 왼쪽(←) 숫자는 빈칸의 숫자보다 큰 수일까요, 작은 수일까요?

**3** 빈칸의 오른쪽(→) 숫자는 빈칸의 숫자보다 큰 수일까요, 작은 수일까요?

**4** 빠진 수를 써넣어 봅시다.

| 1 | | 3 | 4 | 5 |
|---|---|---|---|---|

| 1 | 2 | | 4 | 5 |
|---|---|---|---|---|

| 1 | 2 | 3 | | 5 |
|---|---|---|---|---|

| 1 | 2 | 3 | 4 | |
|---|---|---|---|---|

| 5 | | 7 | 8 | 9 |
|---|---|---|---|---|

| 5 | 6 | | 8 | 9 |
|---|---|---|---|---|

# 심화학습

교사와 함께하기

💬 활동목표: 1~9를 거꾸로 나열하였을 때, 빠진 수를 찾을 수 있다.

**1** 1~9를 거꾸로 나열하면 다음과 같습니다.

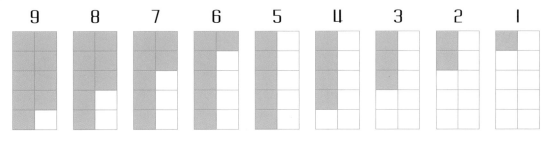

**2** 1~9를 거꾸로 나열하면 왼쪽은 1 큰 수, 오른쪽은 1 작은 수가 옵니다. (  ) 안에 알맞은 숫자를 쓰고 네모칸을 색칠해 봅시다.

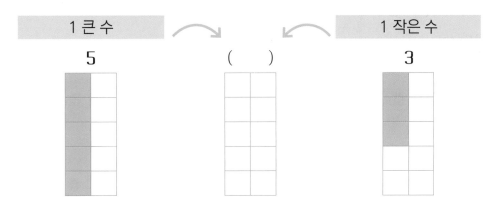

5는 (  )보다 1 큰 수이다.

3은 (  )보다 1 작은 수이다.

**3** 숫자를 거꾸로 나열하였을 때, 빈칸에 오는 수를 써 봅시다.

| 3 | (     ) | 1 |
|---|---|---|
| 6 | (     ) | 4 |
| 9 | (     ) | 7 |

**교사 TIP**

◆ 8은 9보다 1 작은 수인 것을 지도해 주세요. 반복적으로 1까지 지도해 주세요.

◆ 왼쪽에서 오른쪽(→) 숫자로 갈수록 1 감소하는 것을 이해하도록 설명해 주세요.

◆ 1~9를 순서대로 나열하였을 때와 거꾸로 나열했을 때 숫자의 증가와 감소에 대한 차이점을 설명해 주세요.

◆ 아동이 충분히 이해하면, 2 증가, 2 감소로 확장해서 설명해 주세요.

03차시 빠진 수 찾기    **71**

**1.** 알맞은 수를 찾아보세요.

| l | 2 | 3 | ㄐ | 5 | 6 | 7 | 8 | 9 |
|---|---|---|---|---|---|---|---|---|

**1** 1보다 1 큰 수는 (　　　)입니다.

**2** 3보다 1 큰 수는 (　　　)입니다.

**3** 5보다 1 큰 수는 (　　　)입니다.

**4** 7보다 1 큰 수는 (　　　)입니다.

**5** 9보다 1 작은 수는 (　　　)입니다.

**6** 7보다 1 작은 수는 (　　　)입니다.

**7** 5보다 1 작은 수는 (　　　)입니다.

**8** 2보다 1 작은 수는 (　　　)입니다.

**2.** (　　) 안에 들어갈 알맞은 숫자를 쓰고, 숫자만큼 동그라미를 따라 그려 봅시다.

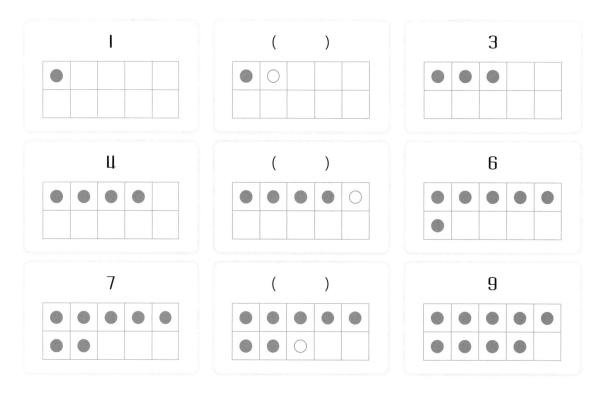

**3.** 숫자가 들어갈 알맞은 위치를 찾아 〈보기〉와 같이 ○표 하세요.

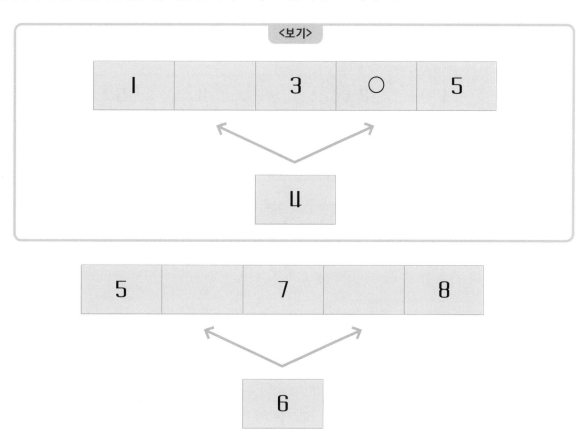

| | | | | |
|---|---|---|---|---|
| 5 | | 7 | | 8 |

6

**4.** 숫자가 순서대로 나열된 것을 찾아 ○표 하세요.

| | | | |
|---|---|---|---|
| 1-2-3-4 | 3-4-2-5 | 2-5-6-9 | 5-6-7-8 |
| 1-3-2-4 | 2-3-4-5 | 3-7-4-6 | 7-8-5-6 |
| 6-8-7-9 | 1-9-2-8 | 3-4-5-6 | 6-7-4-5 |
| 6-7-8-9 | 6-9-2-5 | 4-5-3-6 | 4-5-6-7 |

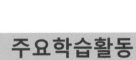 

## 주요학습활동

**1.** 빠진 수를 바르게 적어 보세요.

| I | 2 |  | Ч | 5 |
|---|---|---|---|---|

| Ч | 5 | 6 |  | 8 |
|---|---|---|---|---|

| 3 |  | 5 | 6 | 7 |
|---|---|---|---|---|

**2.** 숫자에 알맞게 네모 칸을 색칠해 보세요.

| 9 | 8 | 7 | 6 | 5 | Ч | 3 | 2 | I |
|---|---|---|---|---|---|---|---|---|

**교사 TIP**

5 + 숫자로 색칠하기를 우선으로 한 뒤, 다양한 형태로 숫자를 나타내는 색칠하기로 확장할 수 있습니다.

예: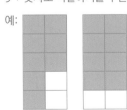

**3.** 숫자 4가 들어갈 위치를 찾아 ○표 하세요.

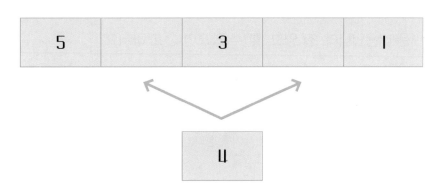

| 5 | | 3 | | l |
|---|---|---|---|---|

4

**4.** 숫자 6이 들어갈 위치를 찾아 ○표 하세요.

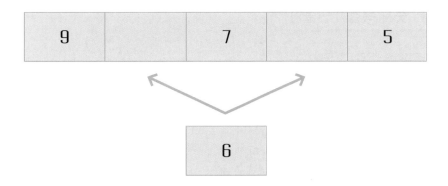

| 9 | | 7 | | 5 |
|---|---|---|---|---|

6

**5.** 숫자가 거꾸로 나열된 것이 아닌 것은 몇 번인가요? _____

**❶**

| 9 | 8 | 7 | 6 |
|---|---|---|---|

**❷**

| l | 2 | 3 | 4 |
|---|---|---|---|

**❸**

| 6 | 5 | 4 | 3 |
|---|---|---|---|

**❹**

| 4 | 3 | 2 | l |
|---|---|---|---|

# 평가

1단계 2과에서 배운 내용입니다. 잘 읽고, 할 수 있으면 ○표 하세요.

| 차시 | 평가 내용 | ○표 하는 곳 |
|---|---|---|
| 1 | 심상화된 수직선에서 1~9 순서의 개념을 안다. | |
| 2 | 심상화된 수직선에서 9~1 거꾸로 세기를 한다. | |
| 3 | 1~9 빠진 수를 찾을 수 있다. | |

## 놀 이 학 습  숫자 목걸이 만들기

📖 활동자료: 목걸이 줄, 목걸이용 구슬 9개, 사인펜

① 구슬 위에 1~9의 숫자를 적습니다.
② 목걸이 줄에 1~9의 구슬을 차례대로 넣습니다.
③ 목걸이 줄에 거꾸로 순서로 구슬을 넣습니다.
④ 나만의 규칙으로 순서 지어 목걸이를 만들어 보세요.

# 3과. 수량 변별

 **1. 개관**

## 가. 개념 및 원리

수량 변별을 하기 위해 필요한 기본능력 중 하나는 수 세기(counting) 기술입니다. 수 세기를 하기 위해서 아동은 하나의 수 단어는 한 개의 물체에 대응되는 '일대일의 원리', 물체를 빠뜨리지 않고 셀 수 있는 안정된 '순서의 원리', 마지막 항목에 적용된 수 단어가 그 사물에 대응하는 수뿐만 아니라 전체 수량을 표상하는 것임을 나타내는 '기수의 원리' 등을 이해하고 관련 기술을 습득하는 것이 필요합니다 (Gelman & Gallistel, 1978).

## 나. 수학 이야기

수 세기의 발달이란?

유아의 수 세기 발달은 모두 세기(counting all)에서 이어 세기(counting on)로 발달합니다. 덧셈에서 모두 세기를 사용하는 경우, 각각을 따로 센 다음 합쳐서 모두 세기를 합니다. 예를 들어 5+3의 경우, 각각 수를 5와 3으로 센 후, 합쳐서 1부터 8까지 세는 것입니다. 모두 세기가 정교해지면 이어 세기로 이어집니다. 이어 세기는 5+3의 경우, 먼저 5를 1부터 5까지 수 세기를 한 뒤, 이어서 육, 칠, 팔을 세는 것입니다. 모두 세기의 하위기술 능력들이 이어 세기 기술성취능력에 영향을 미치며, 이어 세기를 할 때 모두 세기를 위한 하위 기술이 사용됩니다(Secada, Fuson, & Hall, 1983).

**2. 전개 계획**

| 차시 | 주제 | 학습목표 |
| --- | --- | --- |
| 1 | 양을 수로 표상하기 | 심상화된 수직선에서 1~9의 수를 찾을 수 있다. |
| 2 | 수를 양으로 표상하기 | 숫자 1~9를 양으로 나타낼 수 있다. |
| 3 | 순서짓기 | 주어진 양과 수의 순서를 안다. |

## 3. 지도 유의사항

- 차시를 처음 학습할 때 구체물을 사용하고, 학습자가 익숙해지면 반구체물에서 숫자로 연습하도록 합니다.
- 3을 양으로 나타내는 것을 충분히 연습을 한 뒤, 5 만들기를 다양한 방식(예: 3|2, 4|1, 2|3, 1|4)으로 나타내는 것을 연습하도록 합니다.
- 아동이 5를 충분히 익혔으면, 5에서 1 증가하는 것, 5와 3을 합쳐서 나타내는 방법을 연습합니다. 이때 앞서 배웠던 5와 3을 분리하고 나누는 기술을 활용하여 다양한 한 자리 수를 나타내도록 연습합니다.
- 1 증가/1 감소가 익숙해지면 2 이상의 감소/증가로 난이도를 조정할 수 있습니다.

## 4. 중재 지도안 예시

| 단계 | | 1단계 3과 1차시 '양을 수로 표상하기' |
|---|---|---|
| 활동목표 | | 주어진 양과 수의 순서를 안다. |
| 활동자료 | | 카드 만들 종이, 사인펜, 구체물카드 |
| 도입 | | • 주어진 수직선에서 1보다 1 증가한 물고기를 그린다.<br>• 총 물고기 수를 세고, 알맞은 숫자를 ( ) 안에 적는다.<br>• 1~9의 수를 반복한다. 수직선의 숫자가 오른쪽으로 갈수록 1 증가함을 확인한다. 규칙은 1 증가라는 것을 확인한다. |
| 전개 | 개념 이해 | • 아이스크림카드(1~9), 동그라미카드(1~9), 숫자카드(1~9), 숫자이름카드(일~구), 숫자이름카드(하나~아홉)를 만든다.<br>• 교사는 각각의 카드에서 1개씩 카드를 뽑아 1증가하는 규칙을 가진 숫자들을 나열한다. 아동은 규칙을 확인한다. |
| | 공통점 알기 | • 1 증가 규칙을 가진 숫자묶음 4가지를 만들어 본다(예: 숫자이름카드 '삼', 숫자카드 '4', 아이스크림카드 '5', 동그라미카드 '6').<br>• 규칙의 공통점을 찾는다. |
| | 개념 정의하기 | 다양한 숫자 표현을 사용하여 규칙을 만들어 이름을 지어 본다. |
| | 개념 특성 알기 | 구체물카드를 중간에 놓고 숫자카드와 숫자이름카드를 이용하여 1 작은 수와 1 큰 수를 표현해 본다. |

| 적용 | 개념 익히기 | 규칙을 정한 다음, 숫자카드, 구체물카드, 숫자이름카드를 나열하고 카드의 숫자와 양이 나오는 이야기를 구성한다. |
|---|---|---|
| 정리 및 평가 | | • 숫자 순서의 규칙을 만들 수 있다.<br>• 다양한 숫자카드를 이용하여 규칙에 따라 순서를 나타낼 수 있다. |

## 5. 학습평가

| 차시 | 평가 내용 | 평가 방법 |
|---|---|---|
| 1 | 주어진 양을 숫자 1~9로 나타낼 수 있다. | 제시한 양을 세고, 알맞은 숫자를 찾을 수 있다. |
| 2 | 숫자 1~9를 양으로 나타낼 수 있다. | 제시한 숫자를 읽고, 알맞은 양을 나타낼 수 있다. |
| 3 | 주어진 양과 수의 순서를 안다. | 숫자 순서의 규칙을 만들 수 있다. |

# 01차시　양을 수로 표상하기

📖 **학습목표** ・양을 센 후 심상화된 수직선에서 1~9의 수를 표시할 수 있다.

## 도입　　교사와 함께하기

🔖 활동목표: 구체물의 양을 1에서 9까지의 수로 나타낼 수 있다.

❶ 물고기의 수를 세어 보고, (　) 안에 알맞은 숫자를 써 봅시다.

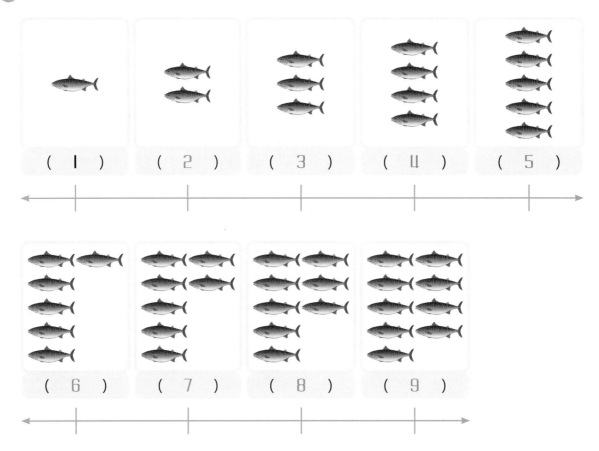

❷ 왼쪽에서 오른쪽(→)으로 갈수록 물고기가 몇 마리씩 많아졌나요? ＿＿＿＿＿마리

❸ 왼쪽에서 오른쪽(→)으로 갈수록 증가한 물고기를 위 그림에서 ○표 하세요.

**교사 TIP** 1 증가가 쉬울 경우 2 이상 증가로 학습을 확장합니다.

활동목표: 반구체물 양을 1~9수로 나타낼 수 있다.

❶ 동그라미를 세고, (  ) 안에 알맞은 숫자를 써 봅시다.

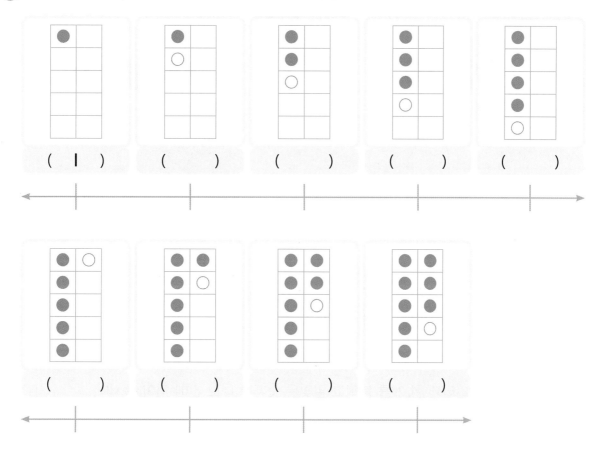

( 1 )    (  )    (  )    (  )    (  )

(  )    (  )    (  )    (  )

❷ 왼쪽에서 오른쪽(→)으로 갈수록 동그라미가 몇 개씩 많아졌나요? _____ 개

❸ 왼쪽에서 오른쪽(→)으로 갈수록 증가한 동그라미를 색칠해 봅시다.

## 주요학습

📋 활동목표: 주어진 양을 1 큰 수와 1 작은 수로 나타낼 수 있다.

📖 활동자료: 사탕스티커(부록), 지우개스티커(부록)

**1** 사탕의 수를 세어 보고, ( ) 안에 알맞은 숫자를 써 봅시다.

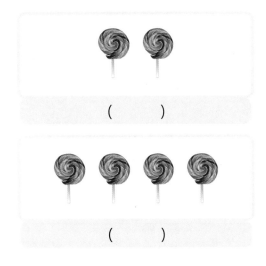

**2** 왼쪽에서 오른쪽(→) 사탕이 몇 개씩 많아졌나요? _____개

**3** 네모 칸에 사탕스티커 한 개를 붙이고 알맞은 숫자를 네모 칸에 적어 봅시다.

 = 4

= 

**4** 네모 칸에 지우개스티커를 붙이고 알맞은 숫자를 네모 칸에 적어 봅시다.

 = 3

=

# 심화학습

 교사와 함께하기

🗨 활동목표: 1~9의 양을 수직선에서 숫자로 나타낼 수 있다.

**①** 동그라미의 수를 세어 보고, 수직선에 알맞은 숫자를 써 봅시다.

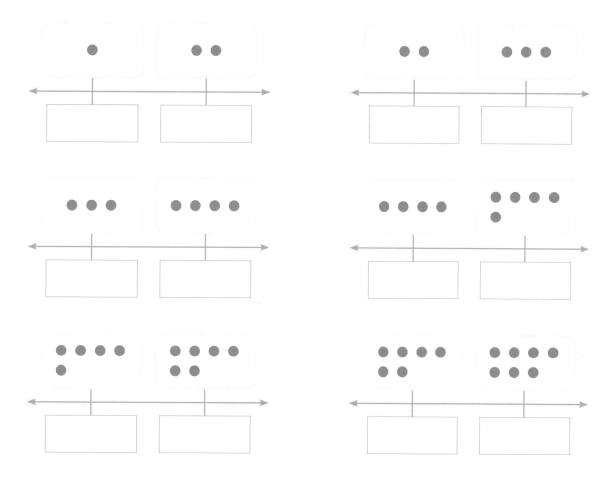

**②** 위의 수직선에서 동그라미가 더 많은 쪽/숫자가 더 큰 쪽에 ○표 하세요.

**③** 자신의 답을 다시 한번 생각해 보고 그렇게 답한 이유를 말해 봅시다.

1. 사과는 몇 개인가요? 〈보기〉와 같이 (    ) 안에 알맞은 숫자를 써 봅시다.

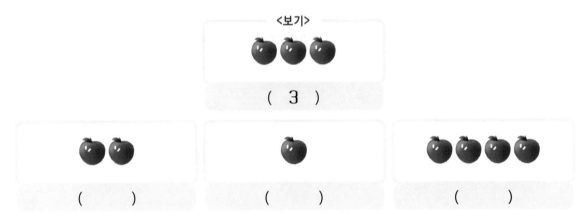

2. 다음의 (    ) 안에서 알맞은 숫자에 ○표 하세요.

사과 3개보다 1개 더 많은 사과의 수는 ( 1, 2, 4 ) 입니다.

3. 사과는 몇 개인가요? 〈보기〉와 같이 (    ) 안에 알맞은 숫자를 써 봅시다.

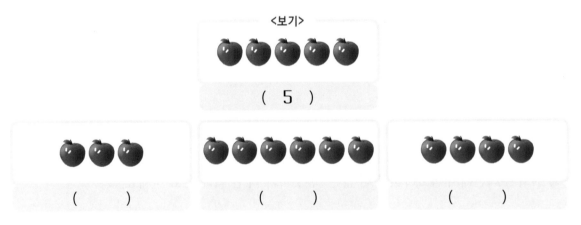

4. 다음의 (    ) 안에서 알맞은 숫자에 ○표 하세요.

사과 5개보다 1개 더 많은 사과의 수는 ( 3, 6, 4 ) 입니다.

## 주요학습활동 스스로 하기

**1.** 사탕은 몇 개인가요? ( ) 안에 알맞은 숫자를 써 봅시다.

| 1 작은 수 | | 1 큰 수 |
|---|---|---|
| ( ) | ( 3 ) | ( ) |

**2.** 빈칸에 알맞은 수의 사탕을 그리고, ( ) 안에 알맞은 숫자를 써 봅시다.

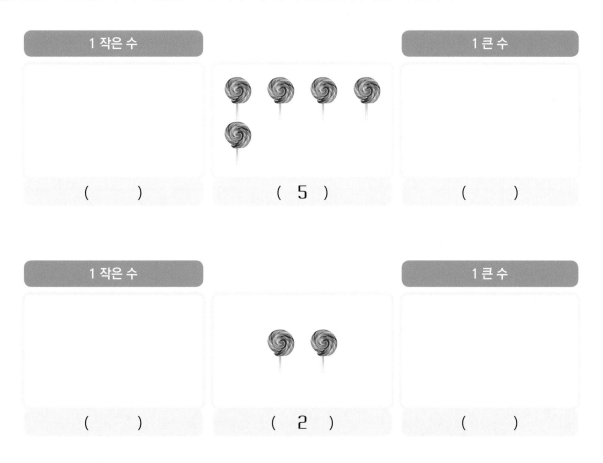

| 1 작은 수 | | 1 큰 수 |
|---|---|---|
| ( ) | ( 5 ) | ( ) |

| 1 작은 수 | | 1 큰 수 |
|---|---|---|
| ( ) | ( 2 ) | ( ) |

## 심화학습활동

■ 동그라미를 세고, 수직선에 알맞은 숫자를 써 봅시다.

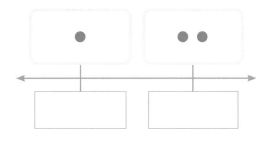

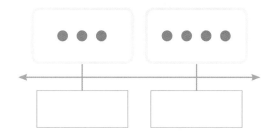

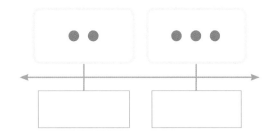

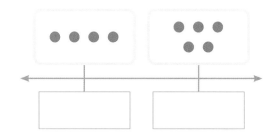

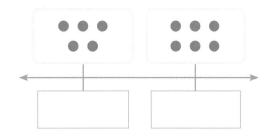

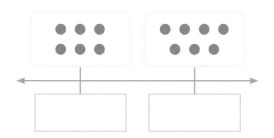

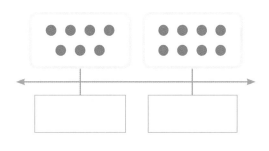

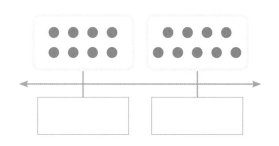

# 02차시　수를 양으로 표상하기

🔖 **학습목표** • 숫자 1~9를 양으로 나타낼 수 있다.

## 도입
**교사와 함께하기**

💬 활동목표: 1에서 9까지의 수를 구체물로 나타낼 수 있다.

**1** ( ) 안의 숫자를 읽고, 빈칸에 숫자만큼 물고기를 그려 봅시다.

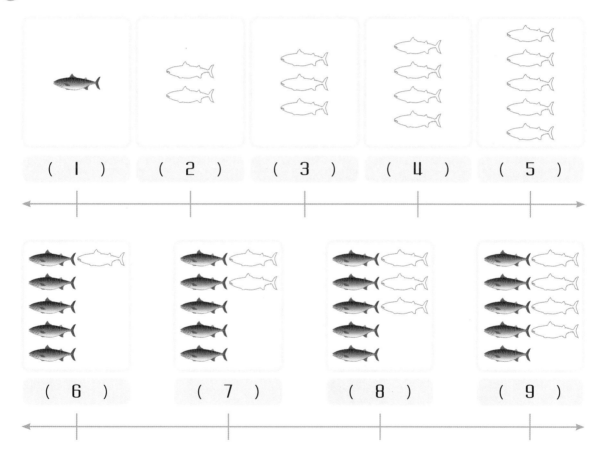

**2** 물고기 6마리는 물고기 5마리보다 몇 마리 더 많은가요? ____1____마리

**3** 자신의 답을 다시 한번 생각해 보고 그렇게 답한 이유를 말해 봅시다.

활동목표: 숫자 1~9를 반구체물로 나타낼 수 있다.

**1** ( ) 안의 숫자를 읽고, 숫자만큼 빈칸에 동그라미를 그려 봅시다.

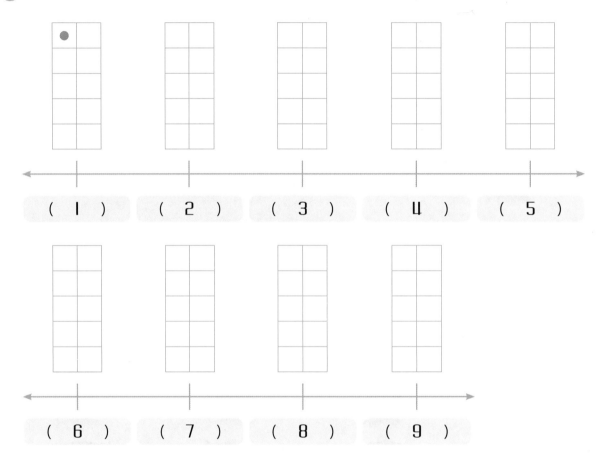

**2** 동그라미 2개는 동그라미 1개보다 몇 개 더 많은가요? _____개

**3** 자신의 답을 다시 한번 생각해 보고 그렇게 말한 이유를 말해 봅시다.

## 주요학습

 교사와 함께하기

활동목표: 주어진 수의 1 큰 수 1 작은 수의 양을 나타낼 수 있다.

**1** 사과는 몇 개인가요? ( ) 안에 알맞은 숫자를 써 봅시다. 3보다 1 큰 수에 ○표 하세요.

3

( )

( )

( )

**2** 사과는 몇 개인가요? ( ) 안에 알맞은 숫자를 써 봅시다. 5보다 1 큰 수에 ○표 하세요.

5

( )

( )

( )

02차시 수를 양으로 표상하기　89

**3** 사과의 수를 세어 보고, ( ) 안에 알맞은 숫자를 써 봅시다. 3보다 1 작은 수에 ○표 하세요.

3

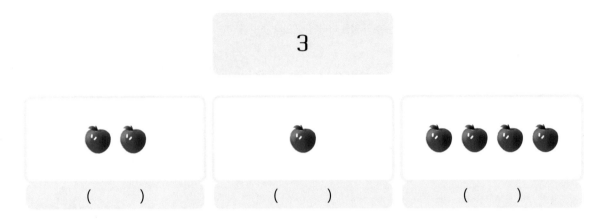

( )　　　　( )　　　　( )

**4** 사과의 수를 세어 보고, ( ) 안에 알맞은 숫자를 써 봅시다. 5보다 1 작은 수에 ○표 하세요.

5

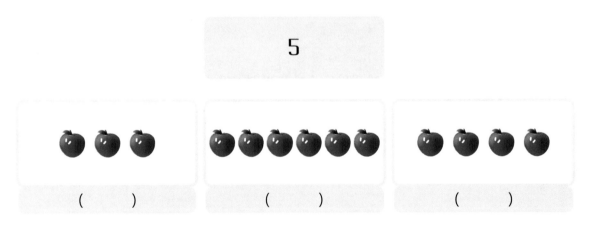

( )　　　　( )　　　　( )

# 심화학습

교사와 함께하기

💬 활동목표: 주어진 수를 수직선에서 양으로 나타낼 수 있다.

**1** 숫자를 읽고, 알맞은 동그라미 개수를 그려 보세요.

1)

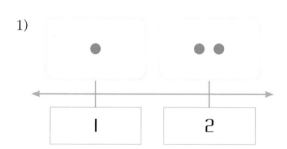

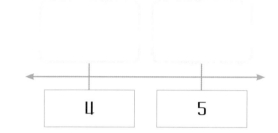

2)

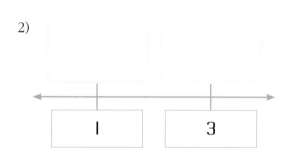

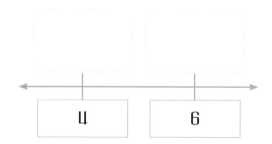

3)

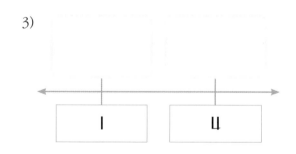

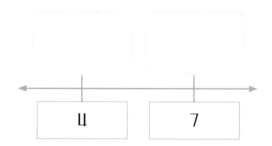

**2** 수직선에서 동그라미가 더 많은 쪽/숫자가 더 큰 쪽에 ○표 하세요.

**3** 각각의 수직선에서 동그라미가 몇 개씩 증가하나요?

1) _____ 개    2) _____ 개    3) _____ 개

# 기초학습활동

**1.** 다음 〈보기〉의 숫자가 들어가기 알맞은 곳에 ○표해 봅시다.

〈보기〉

2

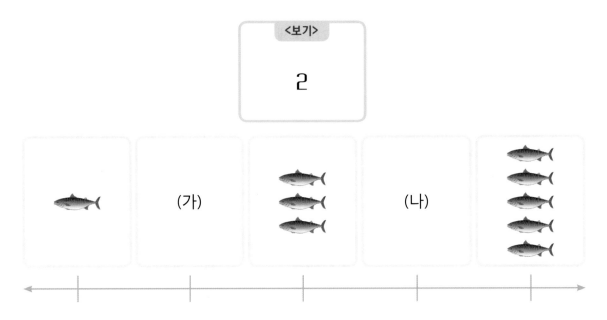

**2.** 다음 〈보기〉의 숫자가 들어가기 알맞은 곳에 ○표해 봅시다.

〈보기〉

7

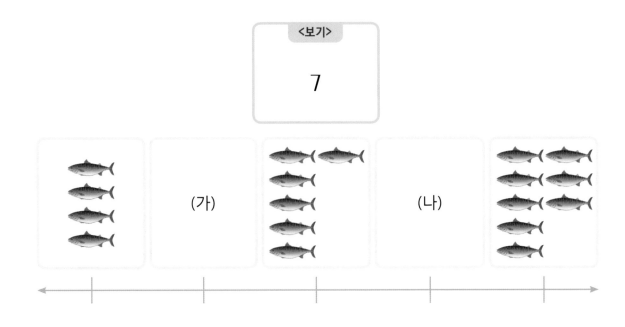

## 주요학습활동

스스로 하기

**1.** 사과의 수를 세고, (    ) 안에 알맞은 숫자를 써 봅시다. 2보다 1 큰 수에 ○표 하세요.

2

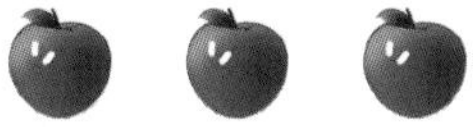

(    )

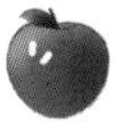

(    )

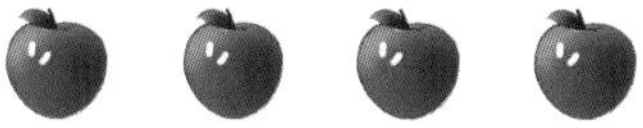

(    )

**2.** 사과의 수를 세고, (    ) 안에 알맞은 숫자를 써 봅시다. 6보다 1 큰 수에 ○표 하세요.

6

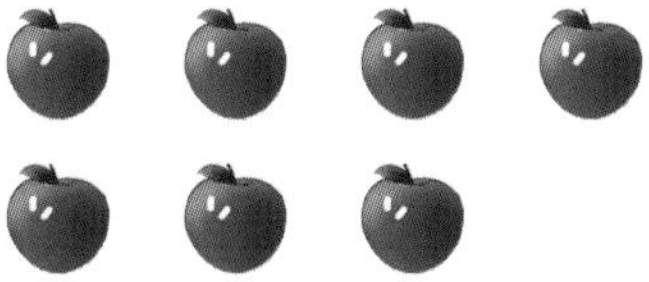

(    )

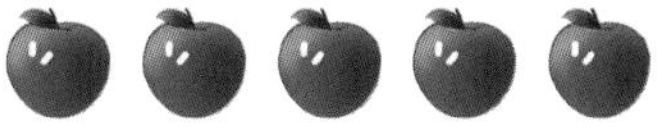

(    )

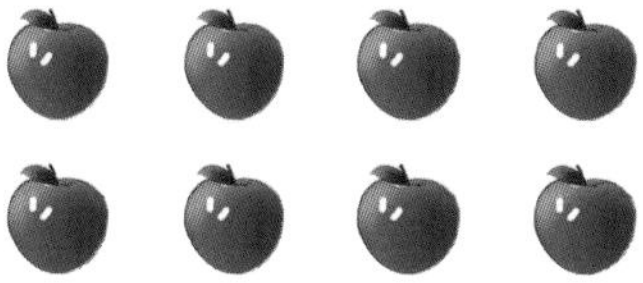

(    )

**3.** 사과의 수를 세어 보고, (    ) 안에 알맞은 숫자를 써 봅시다. 2보다 1 작은 수에 ◯표 하세요.

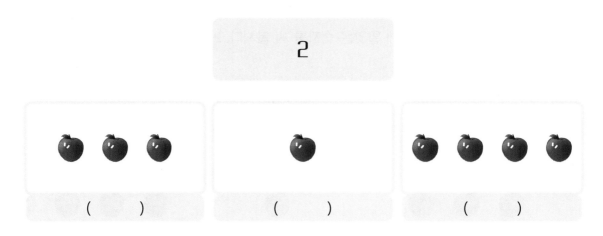

2

(      )          (      )          (      )

**4.** 사과의 수를 세어 보고, (    ) 안에 알맞은 숫자를 써 봅시다. 6보다 1 작은 수에 ◯표 하세요.

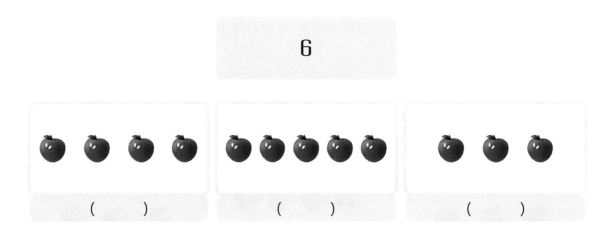

6

(      )          (      )          (      )

## 심화학습활동

**1.** 숫자를 읽고, 알맞은 수만큼 동그라미를 그려 보세요.

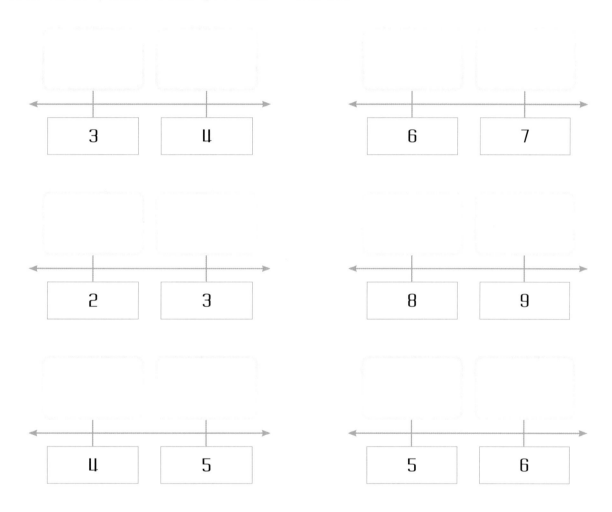

| 3 | 4 | | 6 | 7 |

| 2 | 3 | | 8 | 9 |

| 4 | 5 | | 5 | 6 |

**2.** 위의 수직선에서 동그라미 수가 적은 쪽/숫자가 더 작은 쪽에 ○표 하세요.

# 03 차시 순서 짓기

📖 **학습목표** · 주어진 양과 수의 순서를 안다.

## 도입

교사와 함께하기

🔑 활동목표: 주어진 양을 보고 숫자 1~9의 순서를 나타낼 수 있다.

**1** 1~5가 있는 수직선을 완성해 보세요.

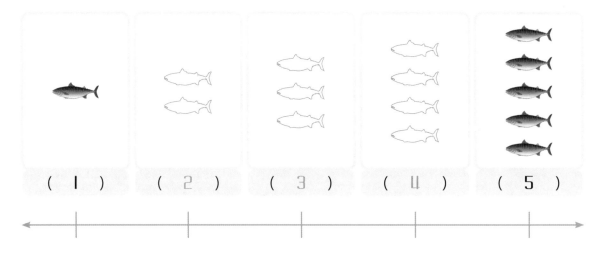

( I )　　( 2 )　　( 3 )　　( 4 )　　( 5 )

1) 1~5를 나타내는 물고기를 그려 보세요.

2) 물고기 수에 알맞은 숫자를 적어 보세요.

3) 물고기를 알맞게 세어 보세요.

4) 숫자를 알맞게 읽어 보세요.

② 6~9가 있는 수직선을 나타내 보세요.

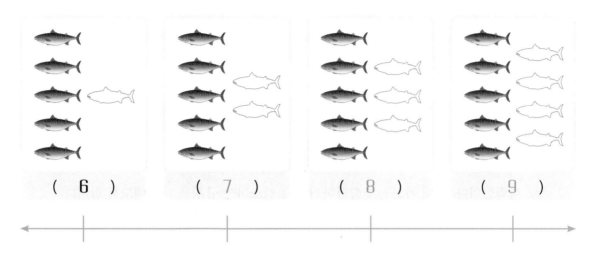

1) 6~9를 나타내는 물고기를 그려 보세요.


2) 물고기 수에 알맞은 숫자를 적어 보세요.


3) 숫자 5의 물고기 수와 숫자 6의 물고기 수는 어떻게 다른가요?


4) 자신의 답을 다시 한번 생각해 보고 그렇게 생각한 이유를 말해 봅시다.

# 기초학습

활동목표: 주어진 양과 수를 함께 순서 짓는 기술을 학습한다.

활동자료: 구체물카드, 반구체물카드, 숫자카드, 숫자이름카드

**1** 교사는 구체물카드, 반구체물카드, 숫자카드, 숫자이름카드를 아동과 함께 만듭니다.

**2** 교사는 4종류의 카드 묶음에서 카드를 각각 1개씩 뽑습니다. 〈보기〉와 같이 4장의 카드를 순서대로 나열합니다. 이때 카드는 1 증가하거나, 1 감소하는 규칙을 나타내도록 합니다.

**3** 교사의 시범을 보고 아동이 자신은 어떤 규칙으로 카드를 뽑을지 소개합니다. 1~9의 수를 자신이 원하는 방식으로 표현해 보세요.

〈규칙 예 1〉 구체물카드 → 반구체물카드 → 숫자카드 → 숫자이름카드

〈규칙 예 2〉 반구체물카드 → 숫자이름카드 → 숫자카드 → 구체물카드

**4** 나열한 수를 읽어 보세요.

**5** 점점 더 빠르게 나열해 보세요.

**6** 또 다른 규칙을 만들어 카드를 나열해 봅시다.

**7** 자신만의 규칙을 소개해 보세요.

**교사 TIP**

1 증가/1 감소 학습에 익숙해지면 2 증가/2 감소 이상으로 확장합니다.

# 주요학습

교사와 함께하기

활동목표: 구체물, 반구체물, 숫자, 숫자 이름을 사용하여 1 증가, 1 감소를 나타낼 수 있다.

**1** 구체물, 반구체물, 숫자, 숫자이름을 사용하여 1 증가, 1 감소를 나타냅니다.

**2** 〈보기〉와 같이 가운데 사탕의 개수를 세고, 1 작은 수와 1 큰 수를 구체물, 반구체물, 숫자, 숫자 이름을 사용하여 다양하게 나타내 보세요.

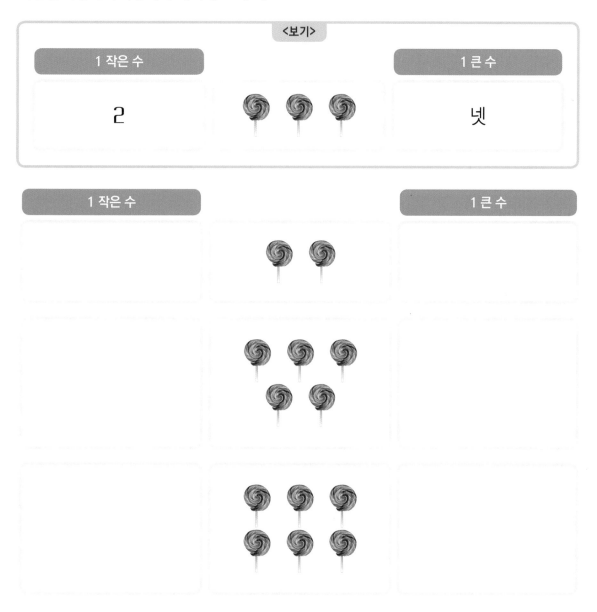

③ 또 다른 규칙을 세워서 나타내 보세요.

<예시>

● | 🍭 🍭 | 삼

| 1 작은 수 | | 1 큰 수 |
| --- | --- | --- |
| | | |
| | | |
| | | |
| | | |

# 심화학습

활동목표: 양과 수의 순서를 이야기로 나타낼 수 있다.

활동자료: 숫자카드, 종이, 펜

**1** 숫자카드를 준비하고, 아동은 자신의 이야기에 사용할 그림카드를 만듭니다.

**2** 완성한 숫자 나열을 이용하여 이야기를 만들어 보세요.

**3** 아동이 어려워하지 않도록 교사가 시범을 보여 주세요.

---

**<예시>**

학생이 그린 그림과 교사가 준비한 숫자카드를 가지고 이야기 만들기

학생: (사람 한 명 그린 그림을 보여 주며) 옛날 옛날에 똑똑한 철수가 있었어요.

(참새 두 마리 그림을 보여 주며) 그런데 지나가던 참새 부부가 날아오더니 숨차게 말했어요.

"철수야. 큰일 났어."

(숫자 3 카드를 보여 주며) "너도 알다시피 우리에겐 아기 참새 3마리가 있잖아. 그런데 우리의 둥지가 있는 나무를 지금 베고 있어. 이웃 숲에 나무가 많기 때문에 나무가 잘리는 것은 문제가 아닌데, 아기 3마리를 우리 힘으로 옮길 수가 없단다."

(4층 집 그림을 보여 주며) "큰일이네요. 제가 돕고 싶지만 참새 아저씨의 둥지는 우리 집 4층만큼 높은 곳에 있잖아요."

  3

---

**4** 이야기를 꾸밀 때 어떤 점이 재미있었는지 말해 봅시다.

**5** 어떤 점이 어려웠는지 말해 봅시다.

## 기초학습활동 스스로 하기

**1.** ⟨보기⟩와 같은 규칙으로 수량을 순서대로 나열한 것을 찾아봅시다. _____

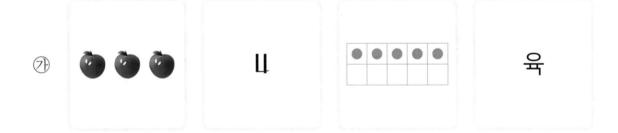

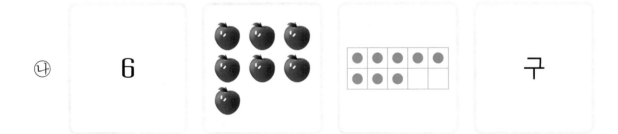

**2.** 수량을 1 증가 규칙으로 나열한 것을 찾아봅시다. _____

㉮

| 1 |  | 칠 | 8 |

㉯

| 셋 |  | 5 | 육 |

㉰

|  | 팔 | 아홉 |  |

㉱

| 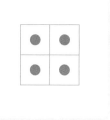 | 여섯 | 오 | 7 |

■ 수와 양의 순서를 확인한 뒤 빈칸에 알맞은 양 또는 수를 다양하게 나타내 보세요.

| 1 작은 수 | | 1 큰 수 |
|---|---|---|
| (사탕 1개) | | 삼 |
| | 나 | (사탕 5개) |
| 2 | (사탕 3개) | |
| (사탕 6개) | | 8 |
| | 3 | (사탕 4개) |
| 5 | (사탕 6개) | |
| (사탕 7개) | | 9 |

## 심화학습활동

■ 제시된 수량 나열 카드를 보고 순서대로 나타나는 이야기를 꾸며 보세요.

나

자신의 이야기를 소개해 봅시다.

---

---

---

---

---

---

# 평가

1단계 3과에서 배운 내용입니다. 잘 읽고, 할 수 있으면 ○표 하세요.

| 차시 | 평가 내용 | ○표 하는 곳 |
|---|---|---|
| 1 | 주어진 양을 숫자 1~9로 나타낼 수 있다. | |
| 2 | 숫자 1~9를 양으로 나타낼 수 있다. | |
| 3 | 주어진 양과 수의 순서를 안다. | |

## 놀이학습 빠진 숫자를 찾아라

활동자료: 종이, 펜

① 1~9 숫자카드를 만든다.
② 순서대로 나열한다.
③ 한 사람이 눈을 감고 다른 사람이 숫자카드 한 개를 빼서 숨긴다.
④ 눈을 뜨고, 어떤 숫자가 빠졌는지 찾는다.
⑤ 교대로 숫자 찾기를 한다.
⑥ 가장 빠르고 정확하게 찾은 사람이 승리한다.

# 4과. 초기 덧·뺄셈

## 1. 개관

개념 및 원리

수 모으기와 수 가르기 활동은 덧셈과 뺄셈을 익히기 위한 기초능력입니다. 수 모으기는 2개 이상의 수들을 모아 하나의 수를 만드는 것이며, 수 가르기는 하나의 수를 2개 이상의 수로 나누는 것입니다. 예를 들어, 4는 3과 1을 모아서 나타낼 수 있고, 또한 4는 1과 3으로 가를 수 있습니다. 이러한 활동은 10 이하 수를 학습할 때 도움이 되며(Van de Walle, 1998), 이러한 기술을 사용하여 '숫자＋1'과 같은 덧셈식을 쉽게 익힐 수 있습니다(김수미, 2006).

## 2. 전개 계획

| 차시 | 주제 | 학습목표 |
|------|------|----------|
| 1 | 1~9의 수 묶어 세기 | 숫자 1~9를 묶음으로 표현할 수 있다. |
| 2 | 1~9의 수 모으기 | 숫자 1~9를 모을 수 있다. |
| 3 | 1~9의 수 가르기 | 숫자 1~9를 가를 수 있다. |

## 3. 지도 유의사항

- 1과 나머지 수로 내용을 충분히 학습합니다.
- 5와 나머지 수로 내용을 충분히 학습합니다.
- 같은 수(예: 6을 3과 3으로 모으기/가르기)를 사용한 묶어 세기, 모으기, 가르기를 충분히 학습합니다.
- 모두 세기, 이어 세기, 거꾸로 세기 등의 다양한 수 세기 전략을 사용할 수 있도록 합니다.

## 4. 중재 지도안 예시

| 단계 | | 1단계 4과 1차시 '묶어세기' |
|---|---|---|
| 활동목표 | | 숫자 1~9를 묶음으로 표현할 수 있다. |
| 활동자료 | | 사과스티커 |
| 도입 | | • 다양한 묶음 수로 5를 나누어 본다(예: 2\|1\|2, 1\|2\|2). <br> • 5개의 사과에서 사과 1개를 없애고 나머지를 세고, 사과 2개를 없고 나머지를 세어 본다. |
| 전개 | 개념 이해 | 사과들이 다양한 묶음의 수로 표현될 수 있음을 안다. |
| | 공통점 알기 | • (1, 5), (5, 1) 묶음이 똑같이 6을 나타냄을 안다. <br> • (1, 5), (3, 3), (4, 2) 묶음이 똑같이 6을 나타냄을 안다. |
| | 개념 정의하기 | 묶음의 이름을 붙여 준다. |
| | 개념 특성 알기 | • 첫 번째 묶음과 두 번째 묶음을 각각 수 세기를 하고, 전체 수 세기를 하여 전체의 양을 확인한다(모두 세기). <br> • 첫 번째 묶음을 세고, 두 번째 묶음을 이어 세기를 해 본다. <br> • 묶음으로 표현되고, 전체 양은 변함이 없음을 안다. |
| 적용 | 개념 익히기 | 묶음 2개로 표현하는 것에서 3개로 표현하는 것으로 확장한다(예: 2, 2, 2). |
| 정리 및 평가 | | 숫자 1~9를 묶음(숫자+1, 같은 수+같은 수, 숫자+5 등)으로 표현할 수 있다. |

## 5. 학습평가

| 차시 | 평가 내용 | 평가 방법 |
|---|---|---|
| 1 | 숫자 2~9를 여러 개 묶음으로 표현할 수 있다. | 숫자 2~9를 묶음 2개로 표현할 수 있다. |
| 2 | 2개 이상 숫자를 모아서 2~9를 표현할 수 있다. | 2개 숫자를 모아서 2~9를 표현할 수 있다. |
| 3 | 2개 이상의 숫자로 2~9를 가를 수 있다. | 2~9를 숫자 2개로 가를 수 있다. |

# 01차시 묶어 세기

📖 **학습목표** • 숫자 1~9를 묶음으로 표현할 수 있다.

## 도입

교사와 함께하기

💬 활동목표: 숫자 5를 묶음을 사용하여 다양하게 표현할 수 있다.

사과 5개가 있습니다.

① ㉠ 칸에 있는 사과는 몇 개인가요? 2개입니다. 이때 사과 2개는 숫자 2를 나타냅니다.

② ㉡ 칸에 있는 사과는 몇 개인가요? 1개입니다. 이때 사과 1개는 숫자 1을 나타냅니다.

③ ㉢ 칸에 있는 사과는 몇 개인가요? 2개입니다. 이때 사과 2개는 숫자 2를 나타냅니다.

④ ㉠, ㉡, ㉢ 칸에 있는 사과를 모두 세면 몇 개인가요? 5개입니다.

⑤ ㉢ 칸의 사과가 없으면, 남은 사과는 총 몇 개인가요? 3개입니다.

**교사 TIP**

㉢ 칸을 가리고 나머지 사과를 셀 수 있도록 지도합니다.
㉠ 칸을 가리고 나머지 사과를 셀 수 있도록 지도합니다.
㉡ 칸을 가리고 나머지 사과를 셀 수 있도록 지도합니다.
5는 (1, 2, 2), (1, 3, 1) 등의 묶음으로 표현할 수 있음을 지도합니다.

 **확인하기**

몇 가지 방법으로 가릴 수 있나요? (예: 대각선으로 가리기, 한 개만 가리기)

# 기초학습

활동목표: 구체물을 사용하여 6~9를 묶음으로 나타낼 수 있다.

**교사 TIP**

도입과 같은 방식으로 6~9를 묶음으로 표현해 봅니다.

**1** 〈보기〉의 상자 안에는 몇 개의 사과가 있나요? _____ 개

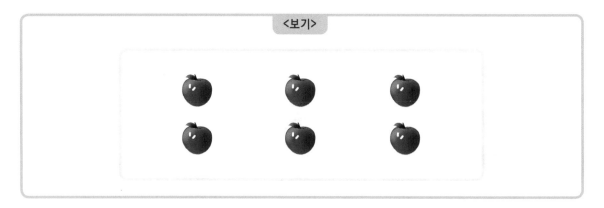

**2** 사과 6개 중 5개를 1묶음으로 나타내면, 나머지는 몇 개인가요?

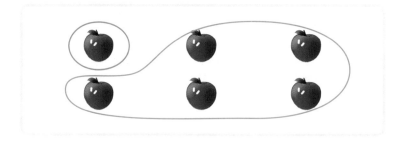

사과 6개는 5개와 _____개로 묶일 수 있습니다.

**3** 사과 6개를 3개의 묶음으로 나타내는 방법에는 무엇이 있을까요?

사과 6개는 2개와 _____개, _____개로 묶일 수 있습니다.

사과 6개는 2개와 _____개, _____개로 묶일 수 있습니다.

활동목표: 묶음으로 6~9를 나타낼 수 있다.

활동자료: 색연필 3개(빨강, 파랑, 노랑)

**교사 TIP**

6~9의 묶어 세기를 반복하여 연습합니다.

**1** 〈보기〉의 숫자막대기는 모두 몇 칸으로 이루어졌나요? _____칸

<보기>

| | | | | | | | |
|---|---|---|---|---|---|---|---|
| | | | | | | | |

**2** 빨간색, 파란색 색연필을 사용하여 다음의 숫자막대기를 자유롭게 색칠해 보세요.

| | | | | | | | |
|---|---|---|---|---|---|---|---|
| | | | | | | | |

**3** 빨간색은 몇 칸 색칠했나요? 파란색은 몇 칸 색칠했나요?

9는 빨간색 _____칸과 파란색 _____칸으로 묶일 수 있습니다.

**4** 빨간색, 파란색, 노란색 색연필을 사용하여 다음의 숫자막대기를 색칠해 보세요.

| | | | | | | | |
|---|---|---|---|---|---|---|---|
| | | | | | | | |

**5** 빨간색은 몇 칸 색칠했나요? 파란색은 몇 칸 색칠했나요? 노란색은 몇 칸 색칠했나요?

9는 빨간색 _____칸과 파란색 _____칸, 노란색 _____칸으로 묶일 수 있습니다.

# 심화학습

활동목표: 구체물카드를 사용하여 6~9를 2개의 묶음으로 나타낼 수 있다.

활동자료: 구체물이 1~9개 그려진 카드

❶ 구체물카드를 사용하여 숫자를 만들어 봅시다.

❷ 카드는 2장만 사용할 수 있습니다.

> **교사 TIP** 아동이 좋아하는 구체물을 그려 카드를 스스로 만들 수 있도록 합니다. 사용 가능한 카드의 장 수를 점점 늘려 가며 2~9의 수를 연습합니다.

❸ 카드 2장을 사용해 숫자 8을 나타내 봅시다.

| | | |
|---|---|---|
| (예) 🍎 | 🍎🍎🍎🍎🍎🍎🍎 | 8 |
| | | 8 |
| | | 8 |
| | | 8 |

❹ 카드 3장을 사용해 숫자 8을 나타내 봅시다.

| | | |
|---|---|---|
| | | 8 |
| | | 8 |
| | | 8 |
| | | 8 |

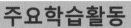

## 주요학습활동

 스스로 하기

📚 활동자료: 사과스티커(부록)

1. 〈보기〉와 같이 사과가 5개 되도록 빈칸에 사과스티커를 알맞게 붙여 보세요.

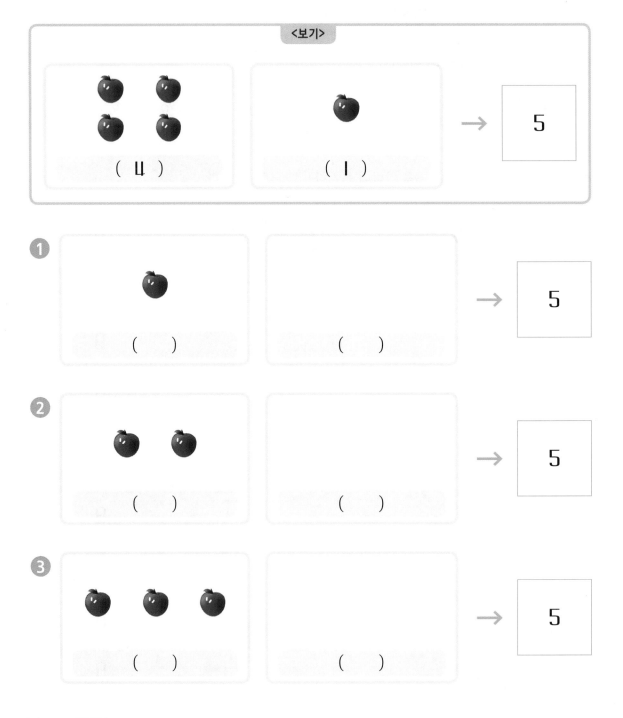

**2.** 〈보기〉와 같이 사과가 6개 되도록 빈칸에 사과스티커를 알맞게 붙여 보세요.

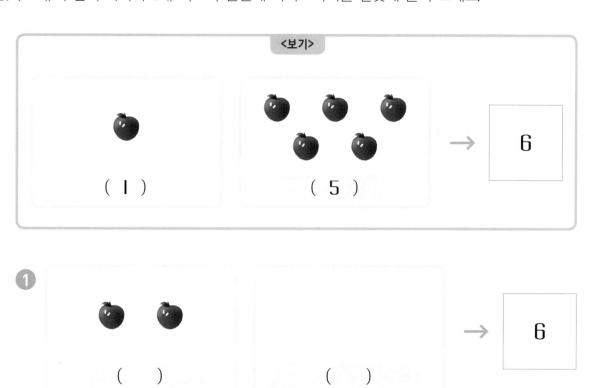

①

②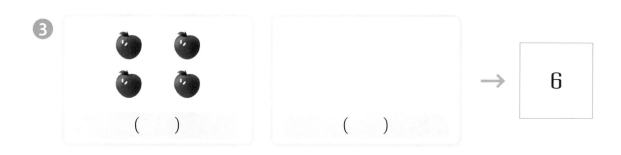

③

**3.** 〈보기〉와 같이 사과가 7개 되도록 빈칸에 사과스티커를 알맞게 붙여 보세요.

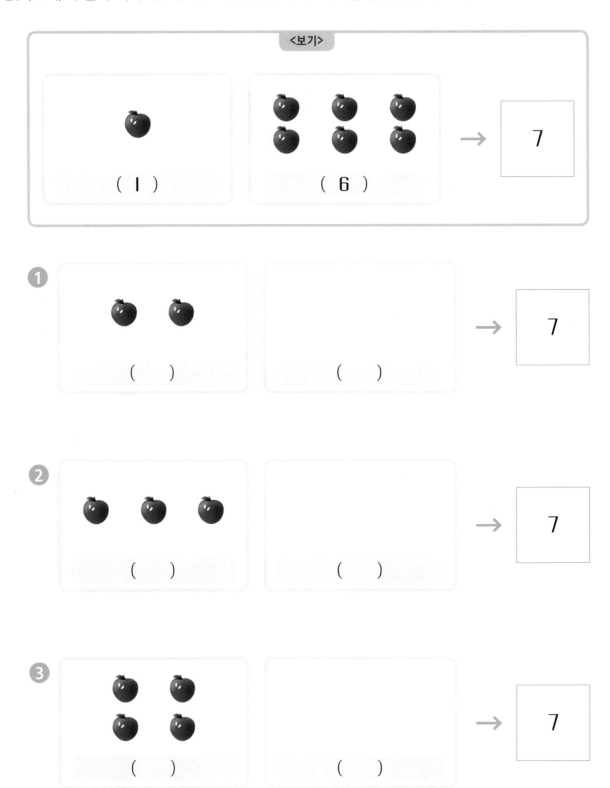

**4.** 〈보기〉와 같이 사과가 8개 되도록 빈칸에 사과스티커를 알맞게 붙여 보세요.

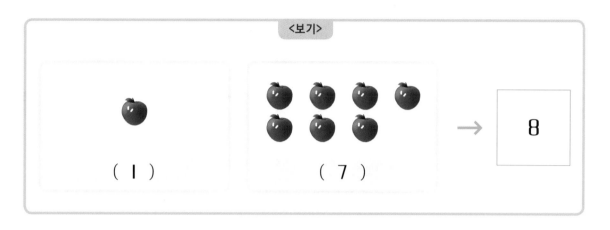

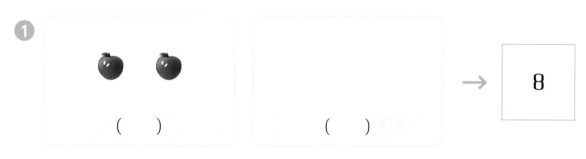

# 02차시　1~9 모으기

📖 **학습목표** ・숫자 1~9를 모을 수 있다.

## 도입

교사와 함께하기

💬 활동목표: '모으기' 뜻을 안다.

**①** 〈보기〉의 상자 안에는 동그라미가 모두 몇 개 있나요?

**②** 노란색과 초록색 동그라미는 각각 몇 개인가요?

**③** 노란색 동그라미는 2개, 초록색 동그라미는 3개입니다.

**④** 네모 칸에 각각 노란색과 초록색 동그라미 개수를 적어 보세요.

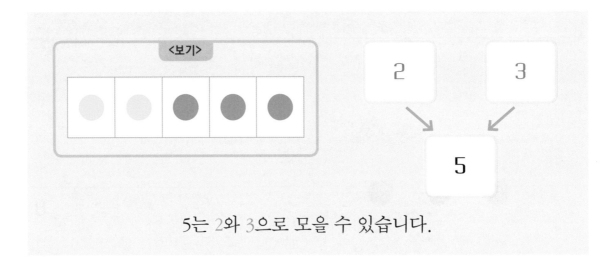

5는 2와 3으로 모을 수 있습니다.

## 🔍 확인하기

다음의 동그라미를 세고, 빈칸에 알맞은 수를 써 봅시다.

5는_____와(과)_____(으)로 모을 수 있습니다.

# 기초학습

활동목표: 2를 사용하여 3~9를 모을 수 있다.

● 〈보기〉와 같이 동그라미 2개를 묶어 봅시다. 각 네모 칸에 알맞은 숫자를 적어 봅시다.

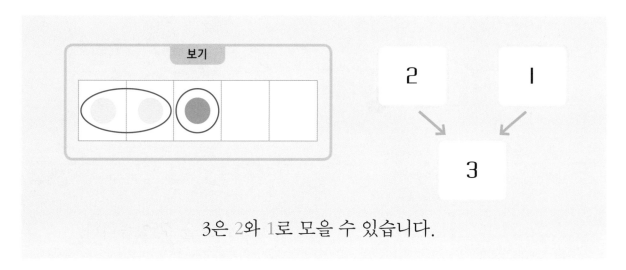

3은 2와 1로 모을 수 있습니다.

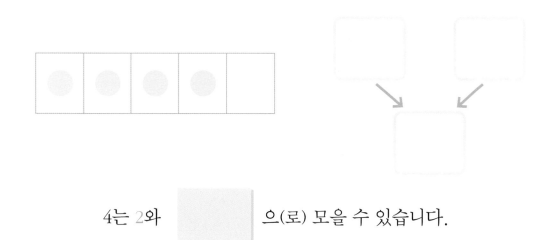

4는 2와 ☐ 으(로) 모을 수 있습니다.

## 주요학습

활동목표: 3을 사용하여 4~9를 모을 수 있다.

❶ 다음의 동그라미를 3개와 1개로 묶어 봅시다. 각 네모 칸에 알맞은 숫자를 적어 봅시다.

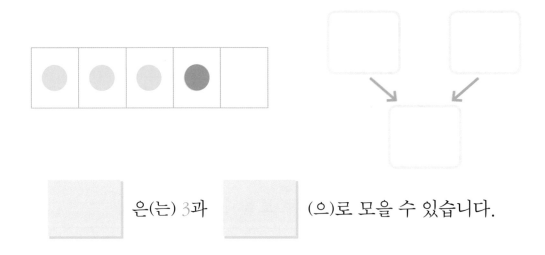

은(는) 3과 ☐ (으)로 모을 수 있습니다.

❷ 다음의 동그라미를 3개와 3개로 묶어 봅시다. 각 네모 칸에 알맞은 숫자를 적어 봅시다.

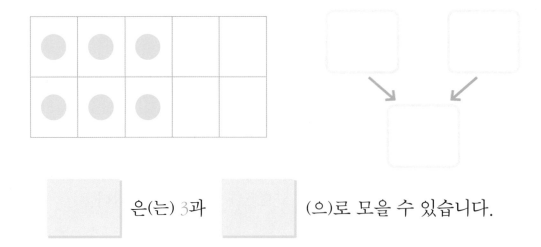

은(는) 3과 ☐ (으)로 모을 수 있습니다.

# 심화학습

🔖 활동목표: 5를 사용하여 6~9를 모을 수 있다.

① 〈보기〉의 동그라미는 모두 몇 개인가요? 5개입니다.

② 6이 되려면 몇 개의 동그라미가 더 모아져야 할까요? 빈칸에 그려 봅시다.

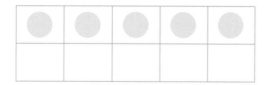

③ 7이 되려면 몇 개의 동그라미가 더 모아져야 할까요? 빈칸에 그려 봅시다.

④ 8이 되려면 몇 개의 동그라미가 더 모아져야 할까요? 빈칸에 그려 봅시다.

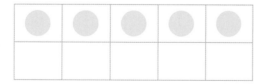

⑤ 9가 되려면 몇 개의 동그라미가 더 모아져야 할까요? 빈칸에 그려 봅시다.

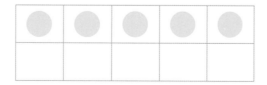

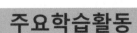

## 주요학습활동 스스로 하기

**1.** 다음의 동그라미 4개를 묶어 봅시다. 각 네모 칸에 알맞은 숫자를 적어 봅시다.

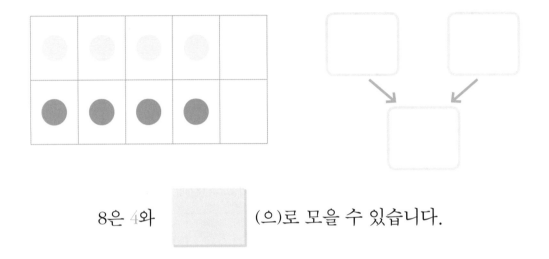

8은 4와 ___ (으)로 모을 수 있습니다.

**2.** 다음의 동그라미 4개를 묶어 봅시다. 각 네모 칸에 알맞은 숫자를 적어 봅시다.

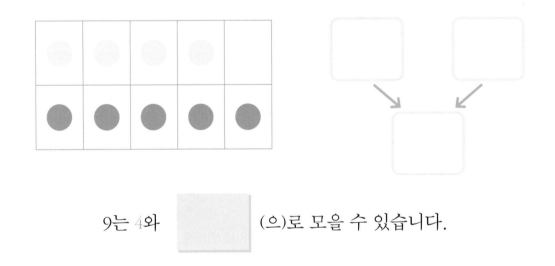

9는 4와 ___ (으)로 모을 수 있습니다.

**122**  1단계 〈4과〉 초기 덧·뺄셈

**3.** 다음의 동그라미 5개를 묶어 봅시다. 각 네모 칸에 알맞은 숫자를 적어 봅시다.

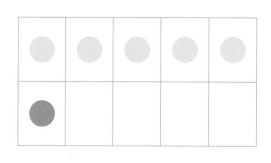

6은 5와 　　　　　 (으)로 모을 수 있습니다.

**4.** 다음의 동그라미 5개를 묶어 봅시다. 각 네모 칸에 알맞은 숫자를 적어 봅시다.

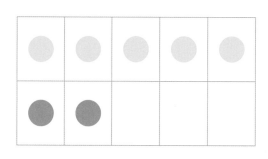

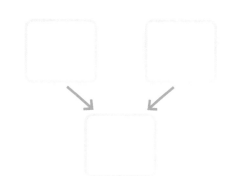

7은 5와 　　　　　 (으)로 모을 수 있습니다.

# 03 차시　1~9 가르기

📖 **학습목표** • 숫자 1~9를 가를 수 있다.

## 도입

 **교사와 함께하기**

💬 활동목표: '가르기' 뜻을 안다.

① 앞의 차시에서 '모으기'를 배웠습니다. 숫자 5를 모으려면, 어떤 숫자 2개가 필요했나요?

② 이번에는 '가르기'를 알아봅시다.

③ 가르기를 모으기의 반대로, 〈보기〉와 같이 숫자 5를 2개의 숫자로 가를 수 있습니다.

④ 〈보기〉의 네모 안에 동그라미는 모두 몇 개인가요?

　노란색과 초록색은 각각 몇 개인가요?

　동그라미 5개는 노란색 동그라미 2개, 초록색 동그라미 3개입니다.

　각 네모 칸에 각각 2와 3을 적어 보세요.

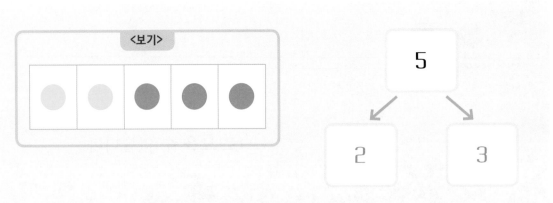

5를 2와 3으로 모을 수 있습니다.

## 🔍 확인하기

5를 또 다른 숫자로 가를 수 있나요?

# 기초학습

활동목표: 두 가지 숫자를 사용하여 수를 가를 수 있다.

**1** 9칸으로 이루어진 막대기를 학생 스스로 만듭니다.

**2** 9칸을 1과 8로 나누어 봅시다. 다른 숫자 2개로도 나누어 봅시다.

**3** 나누어진 두 개의 숫자를 다음의 네모 칸에 각각 적어 봅시다.

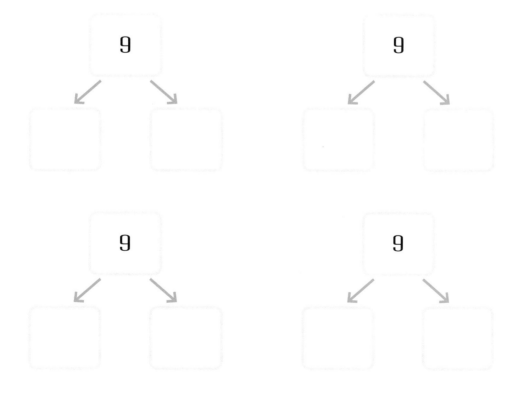

## 주요학습

교사와 함께하기

활동목표: 두 가지 숫자를 사용하여 다양하게 수를 가를 수 있다.

**①** 6을 가르기해 봅시다.

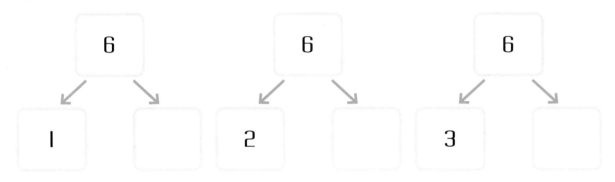

6을 1과 _____(으)로 가를 수 있습니다.

6을 2와 _____(으)로 가를 수 있습니다.

6을 3과 _____(으)로 가를 수 있습니다.

**②** 7을 가르기해 봅시다.

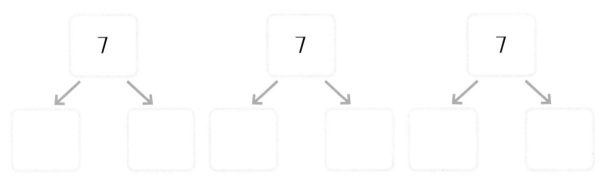

7을 _____와(과) _____(으)로 가를 수 있습니다.

7을 _____와(과) _____(으)로 가를 수 있습니다.

7을 _____와(과) _____(으)로 가를 수 있습니다.

**3** 8을 가르기해 봅시다.

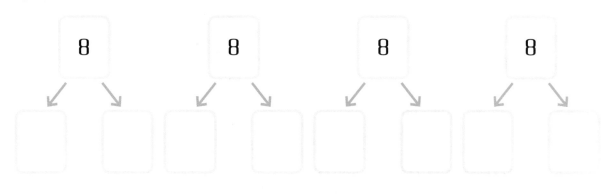

8을 _____와(과) _____(으)로 가를 수 있습니다.

8을 _____와(과) _____(으)로 가를 수 있습니다.

8을 _____와(과) _____(으)로 가를 수 있습니다.

8을 _____와(과) _____(으)로 가를 수 있습니다.

**4** 9를 가르기해 봅시다.

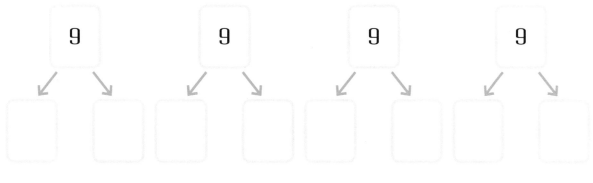

9를 _____와(과) _____(으)로 가를 수 있습니다.

9를 _____와(과) _____(으)로 가를 수 있습니다.

9를 _____와(과) _____(으)로 가를 수 있습니다.

9를 _____와(과) _____(으)로 가를 수 있습니다.

## 심화학습

활동목표: 세 가지 숫자를 사용하여 가를 수 있다.

활동자료: 숫자막대기

**1** 숫자막대기로 9를 만듭니다.

**2** 아동은 다음 그림의 위쪽 네모 안에 숫자막대기를 놓습니다.

**3** 숫자막대기는 모두 몇 개로 이루어졌나요?

**4** 우리는 이제부터 9를 3개로 나눌 거예요.

**5** 교사는 9개 중 5개를 집어 아래칸 한쪽에 놓습니다.

**6** 교사는 남아 있는 4개 중 2개를 집어 두 번째 칸에 놓습니다.

**7** 나머지 칸에는 모두 몇 개가 들어갈 수 있나요?

**교사 TIP**

네모 칸에 넣는 수에 변화를 주어 3~9를 반복하여 연습합니다.

9를 □, □, □ (으)로 가를 수 있습니다.

## 주요학습활동

스스로 하기

■ 숫자 가르기를 해 봅시다.

① 동그라미 개수를 세고, 알맞은 수를 위쪽 네모 칸에 적으세요.

② 노란색 동그라미는 몇 개인가요? 알맞은 수를 왼쪽 네모 칸에 적으세요.

③ 초록색 동그라미는 몇 개인가요? 알맞은 수를 오른쪽 네모 칸에 적으세요.

**1**

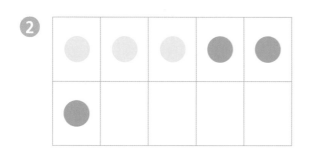

**2**

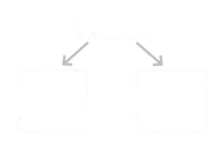

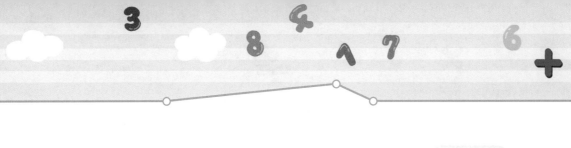

③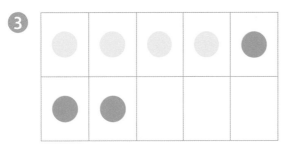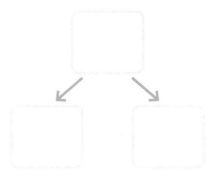

④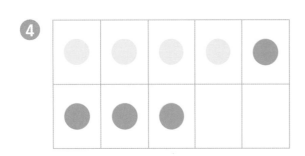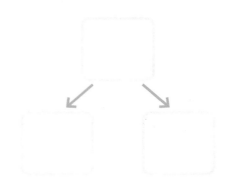

⑤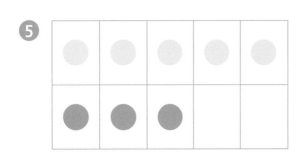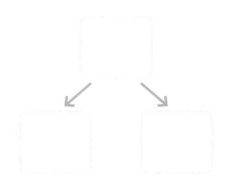

**6**

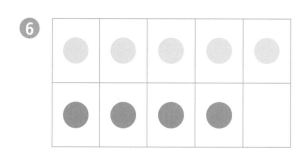

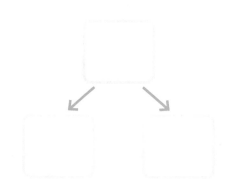

**7**

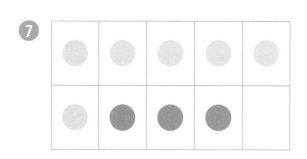

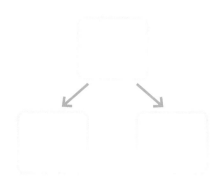

# 평가

1단계 4과에서 배운 내용입니다. 잘 읽고, 할 수 있으면 ○표 하세요.

| 차시 | 평가 내용 | ○표 하는 곳 |
|---|---|---|
| 1 | 숫자 2~9를 여러 개 묶음으로 표현할 수 있다. | |
| 2 | 두 개 이상 숫자를 모아서 2~9를 표현할 수 있다. | |
| 3 | 두 개 이상의 숫자로 2~9를 가를 수 있다. | |

**놀·이·학·습** 수수께끼를 만들어 볼까요?

① 숫자 2~9에서 하나를 고릅니다.
② 고른 숫자가 2개 숫자로 나뉠 수 있는 문제를 만듭니다.

**〈예시〉**

〈문제〉 나와 친구가 과자를 나누어 먹으면 몇 개씩 먹을 수 있나요?

〈정답〉 친구는 _____개, 나는 _____개를 먹을 수 있습니다.

# 단계
# 02

# 1과. 두 자리 수 인식

개념 및 원리

십진법이란? 10씩 모일 때마다 한 자리씩 올려 세는 방법입니다.

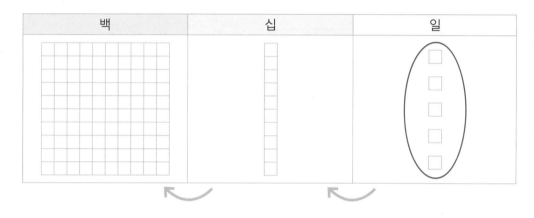

| 백 | 십 | 일 |
|---|---|---|

예를 들어, 1이 10씩 모이면 한 자리를 올려 10이 되고,
10이 10개 모이면 또 한 자리를 올려 새로운 자릿수를 나타냅니다.

　2단계 1과에서는 십진법의 위치적 기수 체계를 학습합니다. 아라비아 수 체계에서 10개의 서로 다른 아라비아 숫자들(0, 1, 2, 3, 4, 5, 6, 7, 8, 9)을 사용하거나 나열하면 어떤 자연수도 표현할 수 있습니다(NCTM, 2017). 구체적인 사물을 직접 10개씩 묶어 보고, 수량과 수와 대응시켜 나가며 마음속에 심척(mental number line)을 만들어 가는 방법으로 십진법과 위치적 기수법에 대해 이해합니다.

## 2. 전개 계획

| 차시 | 주제 | 학습목표 |
|---|---|---|
| 1 | 수를 가리키는 언어 알기 | 10씩 묶음의 도입으로 두 자리 수의 개념을 이해한다. |
| 2 | 1 증가/1 감소 | '십 몇'보다 '1 큰 수'와 '1 작은 수'를 안다. |
| 3 | 구체물 수 세기 | 구체물을 사용하여 '50까지의 수'를 나타낼 수 있다. |
| 4 | 반구체물 수 세기 | 반구체물을 사용하여 '100까지의 수'를 나타낼 수 있다. |

## 3. 지도 유의사항

- 구체물과 반구체물을 직접 10씩 묶어 세어 보면서 십진법에 대한 위치적 기수법을 도입하도록 합니다.
- 비비례 모델(예: 동전)보다 비례 모델(예: 십진블록)을 활용하는 것이 좋습니다.

## 4. 중재 지도안 예시

| 단원(제재) | 두 자리 수 인식 | | 대상학년 | 1학년 |
|---|---|---|---|---|
| 본시주제 | 9보다 1 큰 수를 읽고 쓰기 | | | |
| 차시 | 1/4 | | 활용전략 | 10배경판 전략 |
| 교수-학습목표 | 10씩 묶음의 도입으로 새로운 자릿값 단위(두 자리 수)의 개념을 이해한다. | | | |

| 단계 | 학습요소 | 교수-학습 활동 | 시간(분) | 자료 및 유의점 |
|---|---|---|---|---|
| 도입 | 선수학습 상기 및 동기유발 | 9보다 1 큰 수 표현하기(도입1)<br>▷ 손가락을 다 펴 보세요. 9보다 1 큰 수를 어떻게 나타내면 좋을까요? | 5 | |

| 제시 | 10의 의미 알기 | 10의 의미 설명하기<br>▷ 1이 10개가 모이면 묶어서 새로운 자리로 나타냅니다. | 5 | 자릿값매트,<br>10배경판 |
|---|---|---|---|---|
| 안내된 연습 | 10인 것과 아닌 것 구분하기 | 10 배경판 속 10찾기(기초학습)<br>▷ 8, 9, 10 중에 10 찾기 | 10 | |
| 독자적 연습 | 10을 여러 가지 방법으로 모으고 가르기 | 10배경판 이용하여 짝꿍 수를 모으면서 10 만들기(주요학습)<br>▷10이 되는 짝꿍 수 찾기 | 15 | 익숙해진 아동에게는 놀이처럼'(짝, 짝) 3, (짝, 짝) 7' 하면서 10이 되는 짝꿍 수를 찾게 하는 놀이를 할 수 있습니다. |
| 정리 및 평가 | | 짝꿍 수 찾기 놀이하기(놀이학습) | 5 | |

## 5. 학습평가

| 차시 | 평가 내용 | 평가 방법 |
|---|---|---|
| 1 | '두 자리 수'를 읽고 쓸 수 있다. | 100 이하의 수를 읽고 쓴다. |
| 2 | '십 몇'에서 1 증가/1 감소 개념을 안다. | 1 큰 수/1 작은 수 말하기를 한다. |
| 3 | 구체물을 사용하여 '몇십몇'을 나타낼 수 있다. | '50 이하의 수'를 수막대로 나타낸다. |
| 4 | 반구체물을 사용하여 '몇십몇'을 나타낼 수 있다. | '몇십몇'을 그림으로 나타낸다. |

# 01 차시 10 알아보기

📖 **학습목표** • 10씩 묶음의 도입으로 두 자리 수의 개념을 이해한다.

## 도입

교사와 함께하기

🗨 활동목표: 9보다 1 큰 수를 표현할 때 새로운 숫자가 필요한 것을 안다.

**1** 그림을 보고, 더 큰 수를 나타낸 쪽에 ○표 하세요. 왜 그렇게 생각했나요?

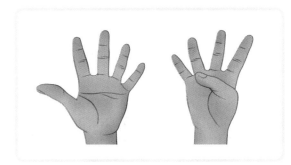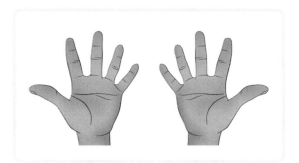

**2** 9보다 1 큰 수를 어떻게 나타내면 좋을지 생각해 봅시다.

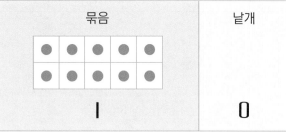

🧊 **약속하기**

◆ 9보다 1 큰 수는 10입니다. 1이 10개가 모이면 묶어서 새로운 자리로 나타냅니다. 묶음은 1개, 낱개는 0개이기 때문에 10이 라고 쓰고 '십'이라고 읽습니다.

◆ 하지만 물건의 개수나 나이를 말할 때는 '열' 개, '열' 살이라고 해요.

# 기초학습

활동목표: 10인 것과 10이 아닌 것을 구분할 수 있다.

① 다음 그림을 보고 점의 개수가 몇 개인지 말해 보고, 10을 찾아봅시다.

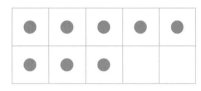

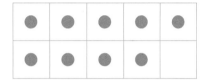

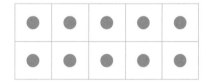

② 다음 그림을 보고 점의 개수가 몇 개인지 말해 보고, 10을 찾아봅시다.

활동목표: 두 수를 모아 10이 되는 수를 찾을 수 있다.

1 10이 되도록 점을 그려 10을 만들어 봅시다.

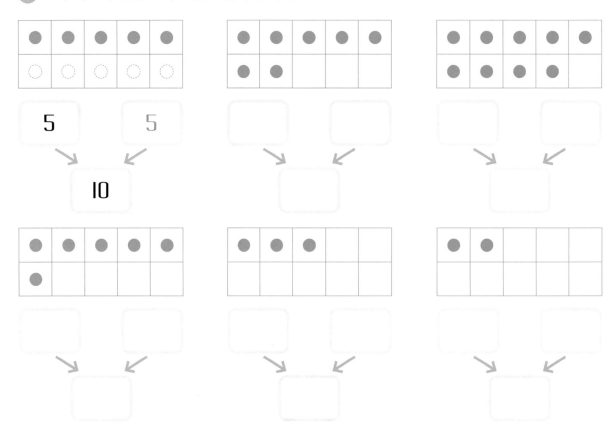

2 손가락을 다양한 방법으로 몇 개만 접어 봅시다. 접힌 손가락이 몇 개인지, 펴진 손가락이 몇 개인지, 모두 더하면 몇 개인지 말해 봅시다.

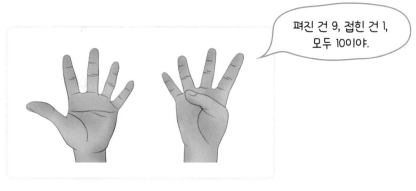

펴진 건 9, 접힌 건 1, 모두 10이야.

## 개념학습활동

**1.** 10이 되도록 짝을 찾아 이어 보세요.

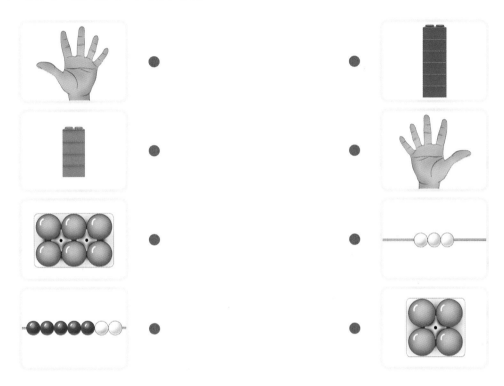

**2.** 10을 나타내는 것을 모두 찾아 동그라미해 보세요.

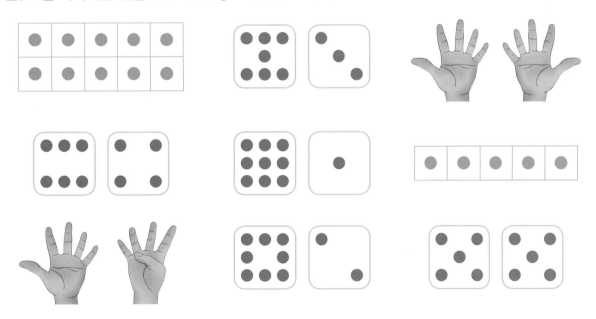

**1.** 10이 어떻게 만들어졌는지 숫자로 나타내 봅시다.

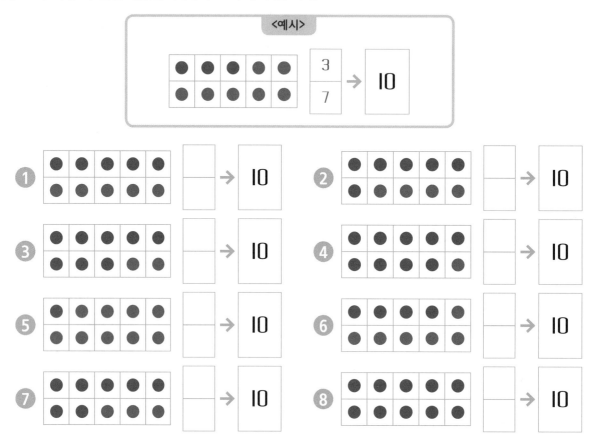

**2.** 10을 다양하게 갈라 봅시다.

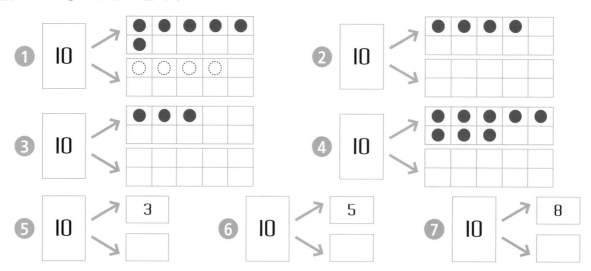

# 평가

이번 시간에 배운 내용입니다. 잘 읽고, 할 수 있으면 ◯표 하세요.

| 평가 내용 | ◯표 하는 곳 |
|---|---|
| 1. '10'을 읽고 쓸 수 있다. | |
| 2. 10만큼 '점'을 칠할 수 있다. | |
| 3. 모으면 10이 되는 수를 찾을 수 있다. | |

**놀 이 학 습**  10 만들기 놀이

① 10이 되는 짝꿍 수를 생각합니다.
② 박자를 맞추며 0~9의 숫자를 한 가지 말합니다.
   (무릎 쿵) (손뼉 짝) 7!
③ 이때 부른 숫자만큼 손가락으로 숫자를 나타냅니다.
④ 짝꿍은 다시 한번 박자를 맞추어 앞서 말한 숫자를 10으로 만들어 주는 수를 말합니다.
   (무릎 쿵) (손뼉 짝) 3!
⑤ 박자에 맞추어 10을 잘 만드는 사람이 승리합니다.

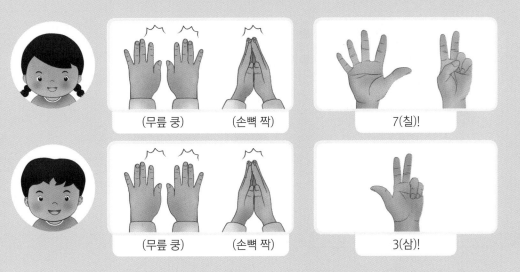

(무릎 쿵)　(손뼉 짝)　　7(칠)!

(무릎 쿵)　(손뼉 짝)　　3(삼)!

# 02차시 '십 몇'의 1 큰 수, 1 작은 수

📖 **학습목표** • '십 몇'보다 '1 큰 수'와 '1 작은 수'를 안다.

## 도입

교사와 함께하기

🗨 활동목표: 10보다 1 큰 수가 11임을 설명할 수 있다.

**1** 다음 그림을 숫자로 어떻게 나타내면 좋을지 생각해 봅시다.

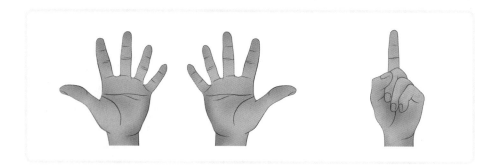

**2** 10개짜리 묶음은 몇 개인지, 낱개는 몇 개인지 숫자를 써 봅시다.

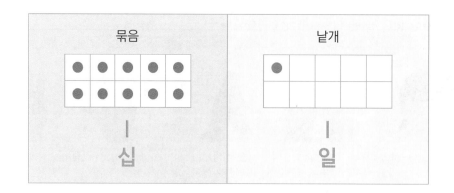

🧊 **약속하기**

◆ 10보다 1 큰 수는 11입니다. 묶음은 1개, 낱개는 1개이기 때문에 11이라고 쓰고 '십 일'이라고 읽습니다.

## 기초학습  교사와 함께하기

🗨 활동목표: 10보다 '1 큰 수'와 '1 작은 수'가 무엇인지 안다.

■ 다음 그림을 보고 점의 개수가 몇 개인지 말해 보고, 10과 크기를 비교해 봅시다.

**1** 11은 10보다 1 큰 수 / 1 작은 수입니다.

**2** 9는 10보다 1 큰 수 / 1 작은 수입니다.

**3** 8은 10보다 2 큰 수 / 2 작은 수입니다.

## 주요학습 1

**교사와 함께하기**

💬 활동목표: '십 몇'보다 1 큰 수를 읽고 쓸 수 있다.

● 〈보기〉와 같이 ○ 만큼 점을 그리고, '십 몇'인지 읽고 써 봅시다.

15 보다 1 큰 수

| 1 | 6 |
|---|---|
| 십 | 육 |

| 1 | 6 | | | | |
|---|---|---|---|---|---|
| 십 | 육 | | | | |

16 보다 1 큰 수

| 1 | 7 |
|---|---|
| 십 | 칠 |

| 1 | 7 | | | | |
|---|---|---|---|---|---|
| 십 | 칠 | | | | |

17 보다 1 큰 수

| 1 | 8 |
|---|---|
| 십 | 팔 |

| 1 | 8 | | | | |
|---|---|---|---|---|---|
| 십 | 팔 | | | | |

18 보다 1 큰 수

| 1 | 9 |
|---|---|
| 십 | 구 |

| 1 | 9 | | | | |
|---|---|---|---|---|---|
| 십 | 구 | | | | |

## 주요학습 2

● 가운데 수보다 '1 작은 수'만큼, '1 큰 수'만큼 점을 그리고 숫자를 써 봅시다.

| 1 작은 수 | | 1 큰 수 |
|---|---|---|

| | | |
|---|---|---|
| 1 2 | 1 3 | 1 4 |
| 십 이 | 십 삼 | 십 사 |

| | | |
|---|---|---|
| | 1 5 | |
| | 십 오 | |

| | | |
|---|---|---|
| | 1 8 | |
| | 십 팔 | |

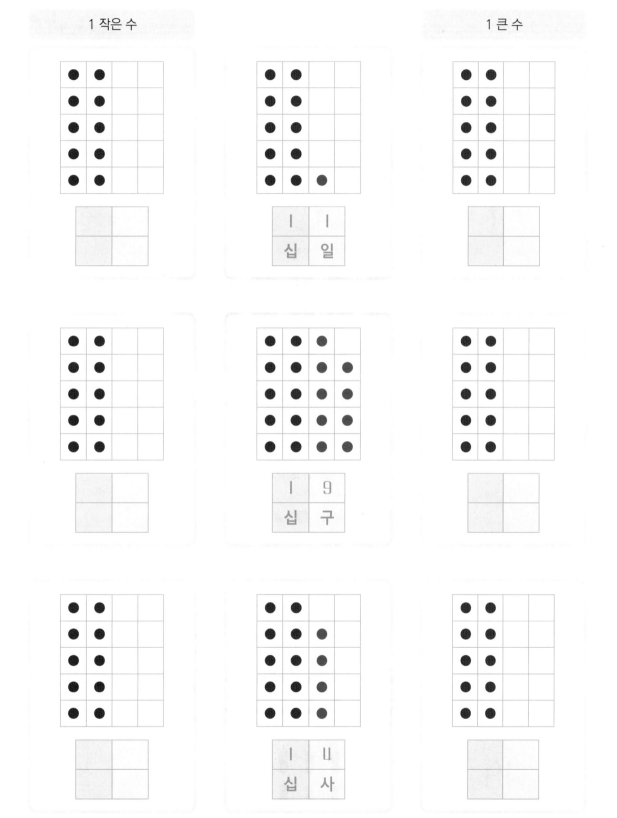

1 작은 수                1 큰 수

## 개념학습활동

 스스로 하기

1. 11~19의 숫자를 따라 써 보세요.

2. 수를 10개씩 묶어 보고, 숫자를 읽어 보세요.

| 숫자 따라 쓰기 | 10묶음과 낱개로 가르기 | 숫자 읽기 |
|:---:|:---:|:---:|
| 11 | | 십일 |
| 12 | | 십이 |
| 13 | | 십삼 |
| 14 | | 십사 |
| 15 | | 십오 |
| 16 | | 십육 |
| 17 | | 십칠 |
| 18 | | 십팔 |

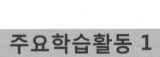

## 주요학습활동 1 스스로 하기

1. 다음의 숫자만큼 좋아하는 무늬(●, ★, ♥)로 채워 보세요.

2. 숫자보다 '1 큰 수'를 찾아 동그라미해 보세요.

| 숫자 | 숫자만큼 무늬 채우기 | '1 큰 수' 찾기 |
|---|---|---|
| 13 | ● ● ● ● ●<br>● ● ● ● ●<br>♥ ♥ ♥ | 15　(14) |
| 19 | ● ● ● ● ●<br>● ● ● ● | 16　20 |
| 17 | ● ● ● ● ●<br>● ● ● ● ● | 18　16 |
| 12 | ● ● ● ● ● | 11　13 |
| 14 | ● ● ● ● ●<br>● ● ● ● ● | 15　16 |
| 16 | ● ● ● ● ●<br>● ● ● ● ● | 17　13 |
| 11 | ● ● ● ● ●<br>● ● ● ● ● | 10　12 |

## 주요학습활동 2

■ 숫자보다 '1 작은 수'를 찾아 동그라미해 보세요.

| 기준 | '1 작은 수' 찾기 |
|---|---|

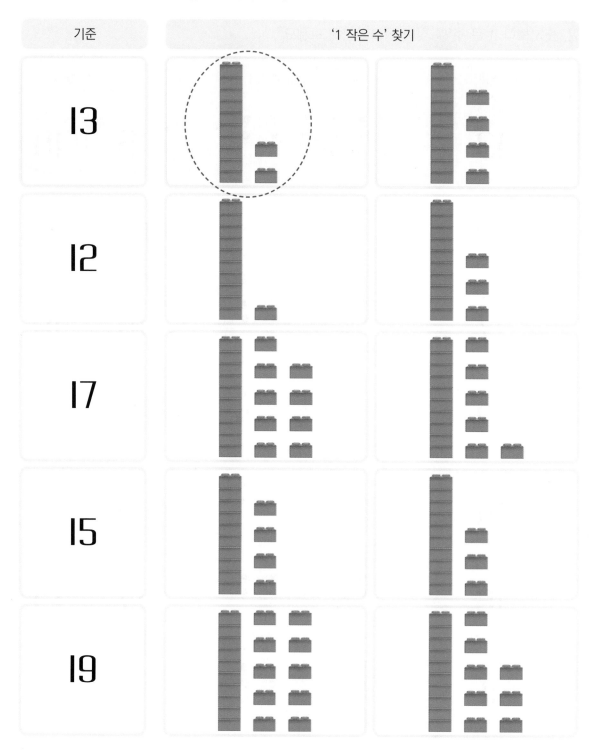

# 평가

이번 시간에 배운 내용입니다. 잘 읽고, 할 수 있으면 ○표 하세요.

| 평가 내용 | ○표 하는 곳 |
|---|---|
| 1. '십 몇'을 읽고 쓸 수 있다. | |
| 2. '십 몇'보다 '1 큰 수'를 말할 수 있다. | |
| 3. '십 몇'보다 '1 작은 수'를 말할 수 있다. | |

놀이학습  **1 큰 수 / 1 작은 수 말하기 놀이**

① 11~19의 수를 하나 생각합니다.
② 박자를 맞추며 11~19의 숫자 중 한 가지를 말합니다.
   (무릎 쿵) (손뼉 짝) "십 육"
③ 짝꿍은 다시 한번 박자를 맞추어 앞서 말한 숫자보다 '1 큰 수'를 말합니다.
④ (무릎 쿵) (손뼉 짝) "십 칠"
⑤ 박자에 맞추어 10을 잘 만드는 사람이 승리합니다.
⑥ 익숙해지면 손가락으로 숫자를 나타내면서 게임을 해 보세요.

♪ 아이엠 그라운드 1 큰 수 놀이하기 ♪

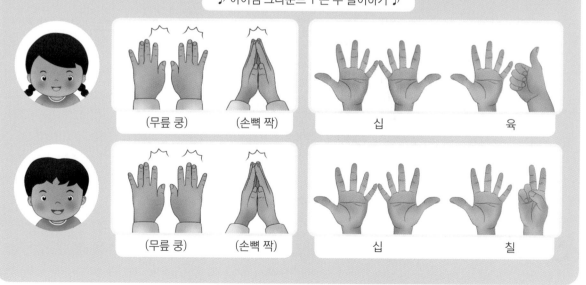

# 03차시　구체물 세기(50까지)

📖 **학습목표** • 구체물을 사용하여 '50까지의 수'를 나타낼 수 있다.

## 도입 　　　　　　　　　　　　　　教사와 함께하기

🔲 활동목표: 10씩 묶음을 세면서 '몇 십'을 셀 수 있다.

📚 활동자료: 연결 큐브

① 사탕을 10개씩 묶어 보세요. 10개짜리 묶음이 몇 개인지 말해 보세요.

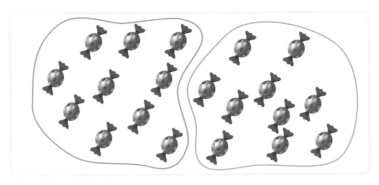

② 사탕 10개짜리 묶음은 몇 개인지, 낱개는 몇 개인지 숫자를 따라 써 봅시다.

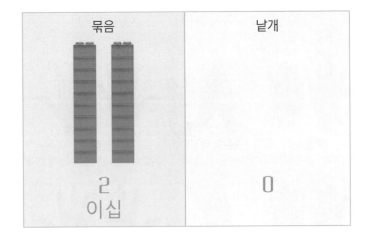

🧊 **약속하기**

◆ 10묶음이 2개고, 낱개는 0개니까 20이라고 쓰고, 십이 2개니까 '이십'이라고 읽습니다.

## 주요학습 1

교사와 함께하기

활동목표: 연결 큐브를 이용하여 '몇 십'을 만들어 읽고 쓸 수 있다.

활동자료: 연결 큐브

● 연결 큐브를 직접 세면서 '몇 십'인지 읽고 써 봅시다.

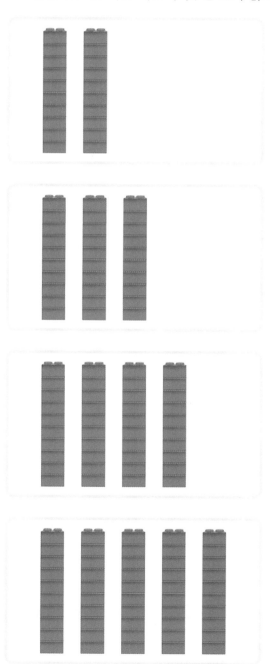

10묶음이  2  개

| 2 | 0 |
|---|---|
| 이십 | |

10묶음이  3  개

| 3 | 0 |
|---|---|
| 삼십 | |

10묶음이  4  개

| 4 | 0 |
|---|---|
| 사십 | |

10묶음이  5  개

| 5 | 0 |
|---|---|
| 오십 | |

# 주요학습 2

 **교사와 함께하기**

활동목표: 연결 큐브를 이용하여 '몇십몇'을 만들어 읽고 쓸 수 있다.

활동자료: 연결 큐브

**1** 사탕을 10개씩 묶어 보세요. 10개짜리 묶음이 몇 개인가요? 묶음을 만들고 몇 개가 남나요?

**2** 사탕 10개짜리 묶음은 몇 개인지, 낱개는 몇 개인지 숫자를 써 봅시다.

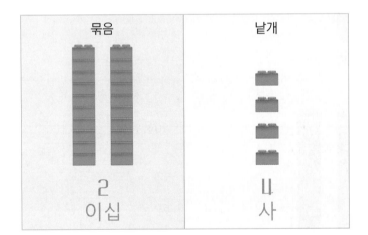

약속하기

◆ 10묶음이 2개고, 낱개는 4개니까 24라고 쓰고, '이십 사'라고 읽습니다.

❸ 연결 큐브가 나타내는 숫자를 쓰고 읽어 봅시다.

⑦

| 묶음 | 낱개 |
|---|---|
| 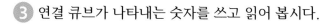 | |
| 2 | 3 |
| 이십 | 삼 |

⑭

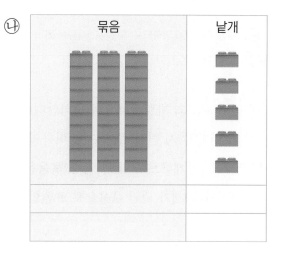

| 묶음 | 낱개 |
|---|---|
| | |
| | |

⑮

| 묶음 | 낱개 |
|---|---|
| | |
| | |

⑯

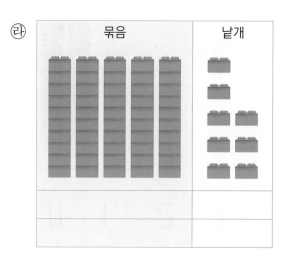

| 묶음 | 낱개 |
|---|---|
| | |
| | |

⑰

| 묶음 | 낱개 |
|---|---|
| | |
| | |

⑱

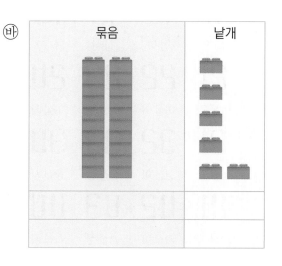

| 묶음 | 낱개 |
|---|---|
| | |
| | |

## 심화학습

🔖 활동목표: '50 이하의 수'의 순서를 셀 수 있다.

📖 활동자료: 연결 큐브, 자릿값매트(부록)

**1** 연결 큐브와 자릿값매트를 준비합니다.

**2** 1부터 50까지 연결 큐브로 50 이하의 수를 표현해 봅시다.

**3** 낱개는 낱개매트(노란색) 위에, 묶음은 묶음매트(연두색) 위에 올려놓으세요.

**4** 낱개가 10개가 되면 묶음으로 표현합니다.

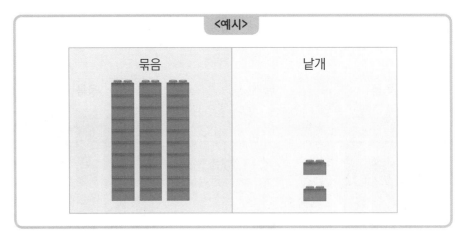

| 1 일 | 2 이 | 3 삼 | 4 사 | 5 오 | 6 육 | 7 칠 | 8 팔 | 9 구 | 10 십 |
|---|---|---|---|---|---|---|---|---|---|
| 11 십일 | 12 십이 | 13 십삼 | 14 십사 | 15 십오 | 16 십육 | 17 십칠 | 18 십팔 | 19 십구 | 20 이십 |
| 21 이십일 | 22 이십이 | 23 이십삼 | 24 이십사 | 25 이십오 | 26 이십육 | 27 이십칠 | 28 이십팔 | 29 이십구 | 30 삼십 |
| 31 삼십일 | 32 삼십이 | 33 삼십삼 | 34 삼십사 | 35 삼십오 | 36 삼십육 | 37 삼십칠 | 38 삼십팔 | 39 삼십구 | 40 사십 |
| 41 사십일 | 42 사십이 | 43 사십삼 | 44 사십사 | 45 사십오 | 46 사십육 | 47 사십칠 | 48 사십팔 | 49 사십구 | 50 오십 |

■ 20~50의 수 중에서 하나를 생각한 다음, 그 수를 〈보기〉와 같이 다양한 방법으로 표현해 보세요.

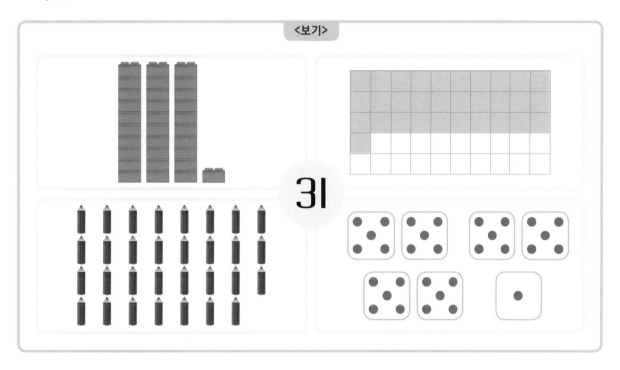

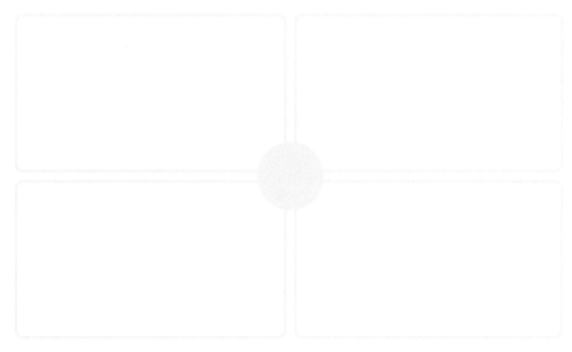

■ 숫자의 이름을 쓰고, 그 수만큼 색칠한 것에 연결해 보세요.

| 숫자 | 숫자 이름 | 연결하기 |
|---|---|---|
| 22 | 이십 이 ● | ● |
| 30 | ● | ● |
| 42 | ● | ● |
| 37 | ● | ● |
| 44 | ● | ● |
| 28 | ● | ● |
| 50 | ● | ● |

# 평가

이번 시간에 배운 내용입니다. 잘 읽고, 할 수 있으면 ○표 하세요.

| 평가 내용 | ○표 하는 곳 |
|---|---|
| 1. '50 이하의 수'를 읽고 쓸 수 있다. | |
| 2. '50 이하의 수'를 그림(막대기와 점)으로 나타낼 수 있다. | |
| 3. '50 이하의 '몇십몇'보다 '10 큰 수'가 얼마인지 말하고 쓸 수 있다. | |

## 놀 이 학 습  땅따먹기 놀이

📖 활동자료: 말판(부록), 말(지우개, 공깃돌 등), 연결 큐브

① 말을 굴려 나온 숫자만큼 〈보기〉와 같이 연결 큐브로 나타냅니다.
② 숫자를 바르게 나타내면 그 땅을 차지할 수 있습니다.

| 발사 | 12 | 13 | 14 | 15 | 16 | 17 | 18 | 19 | 20 |
|---|---|---|---|---|---|---|---|---|---|
| 21 | 22 | 22 | 24 | 25 | 26 | 27 | 28 | 29 | 30 |
| 31 | 32 | 33 | 34 | 35 | 36 | 37 | 38 | 39 | 40 |
| 41 | 42 | 43 | 44 | 45 | 46 | 47 | 48 | 49 | 발사 |

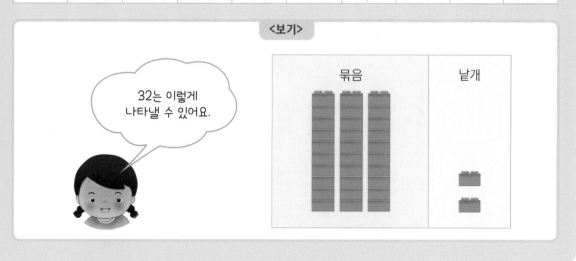

32는 이렇게 나타낼 수 있어요.

# 04 차시 100까지의 수 세기

📖 **학습목표** • 100까지의 수를 읽고 쓸 수 있다.

## 도입

교사와 함께하기

💬 활동목표: 90보다 10 큰 수를 셀 수 있다.

다음 모형을 숫자로 어떻게 나타낼까요?

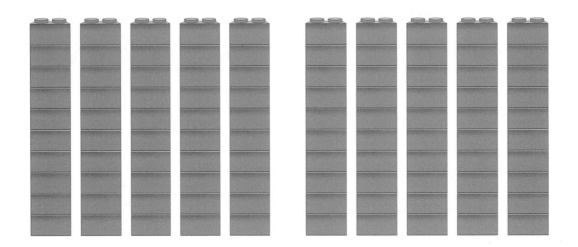

활동목표: 반구체물을 보고 '몇십'인지 세어 읽고 쓸 수 있다.

**1** 그림을 보고, '몇십'인지 읽고 써 봅시다.

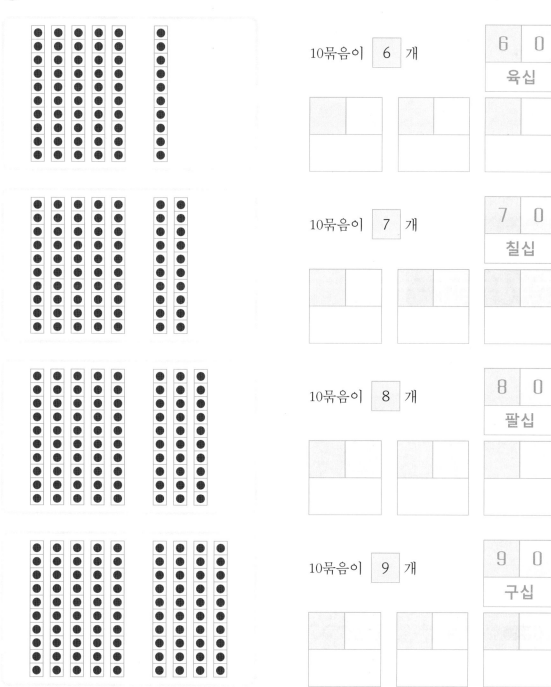

10묶음이 6 개

| 6 | 0 |
|---|---|
| 육십 | |

10묶음이 7 개

| 7 | 0 |
|---|---|
| 칠십 | |

10묶음이 8 개

| 8 | 0 |
|---|---|
| 팔십 | |

10묶음이 9 개

| 9 | 0 |
|---|---|
| 구십 | |

② 90보다 10 큰 수를 어떻게 나타내면 좋을지 생각해 봅시다.

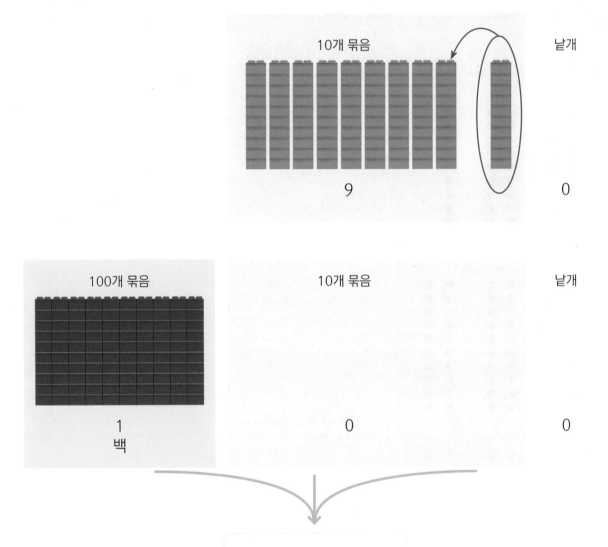

◆ 90보다 10 큰 수는 100입니다. 낱개 10개가 모이면 10개씩 묶음으로 묶은 것처럼, 10개 묶음이 10개 모이면 묶음으로 묶어
서 새로운 자리를 나타냅니다. 100묶음은 1개, 10묶음은 0개, 낱개는 0개이기 때문에 100이라고 쓰고 '백'이라고 읽습니다.

활동목표: 반구체물을 보고 '몇십몇'으로 나타낼 수 있다.

**1** 주어진 그림이 '몇십몇'을 나타내는지 수로 나타내 봅시다.

㉮

| 묶음 | 낱개 |
|---|---|
| | |
| 6 | 5 |
| 육십 | 오 |

6 5

육십오

㉯

| 묶음 | 낱개 |
|---|---|
| | |
| | |
| | |

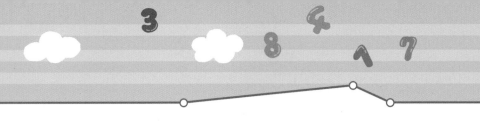

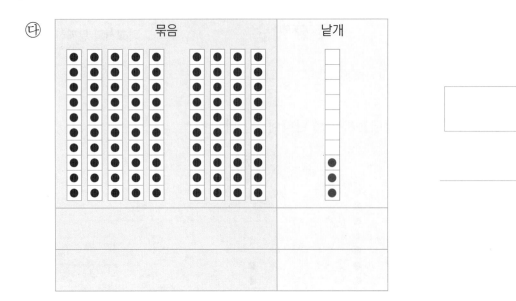

ⓓ

| 묶음 | 낱개 |
|---|---|

ⓔ

| 묶음 | 낱개 |
|---|---|

| 묶음 | 낱개 |
|---|---|
| ㉮ 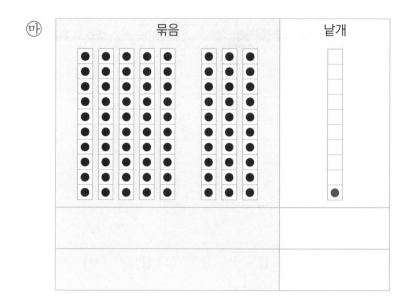 | |
| | |
| | |

| 묶음 | 낱개 |
|---|---|
| ㉯ | |
| | |
| | |

# 개념학습활동

스스로 하기

📚 활동자료: 10면체 주사위 2개(부록)

**1** 10면체 주사위(1~9) 2개를 준비하세요.

**2** 2개의 주사위를 던져 나온 수를 읽고, 색칠해 봅시다.

| 1 | 2 | 3 | 4 | 5 | 6 | 7 | 8 | 9 | 10 |
|---|---|---|---|---|---|---|---|---|---|
| 11 | 12 | 13 | 14 | 15 | 16 | 17 | 18 | 19 | 20 |
| 21 | 22 | 23 | 24 | 25 | 26 | 27 | 28 | 29 | 30 |
| 31 | 32 | 33 | 34 | 35 | 36 | 37 | 38 | 39 | 40 |
| 41 | 42 | 43 | 44 | 45 | 46 | 47 | 48 | 49 | 50 |
| 51 | 52 | 53 | 54 | 55 | 56 | 57 | 58 | 59 | 60 |
| 61 | 62 | 63 | 64 | 65 | 66 | 67 | 68 | 69 | 70 |
| 71 | 72 | 73 | 74 | 75 | 76 | 77 | 78 | 79 | 80 |
| 81 | 82 | 83 | 84 | 85 | 86 | 87 | 88 | 89 | 90 |
| 91 | 92 | 93 | 94 | 95 | 96 | 97 | 98 | 99 | ♥ |

## 주요학습활동

스스로 하기

■ 숫자의 이름을 쓰고, 그 수만큼 색칠한 것에 연결해 보세요.

| 숫자 | 이름 쓰기 | 색칠하기 |
|---|---|---|

**68**     육십 팔 ●     ●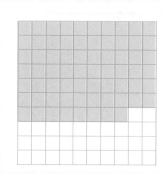

**70**     ●     ●

**93**     ●     ●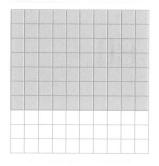

**85**     ●     ●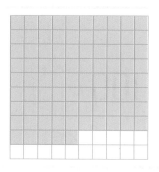

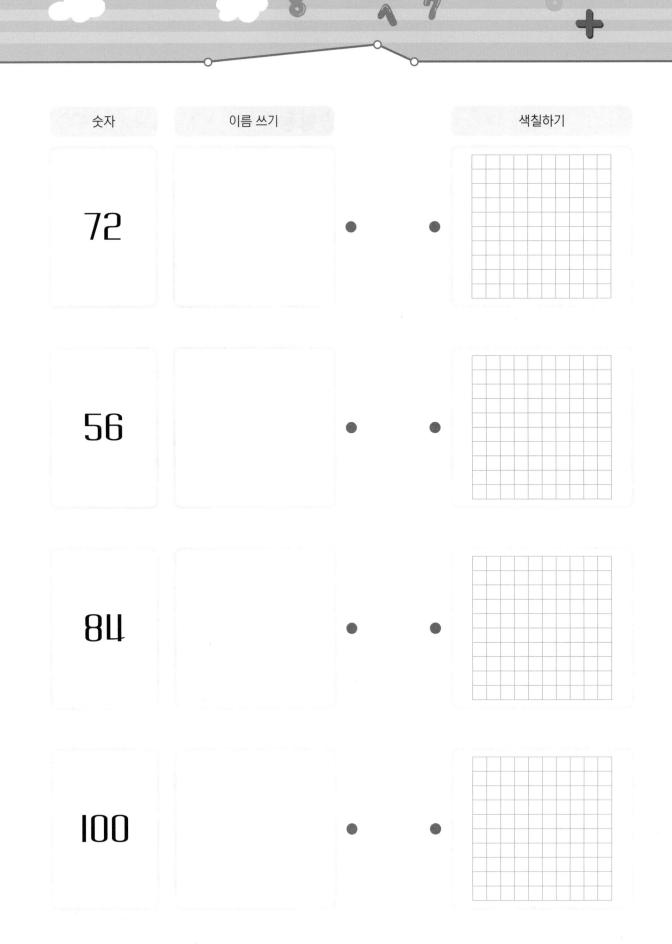

| 숫자 | 이름 쓰기 | | 색칠하기 |
|------|-----------|---|----------|
| 72 | | | |
| 56 | | | |
| 84 | | | |
| 100 | | | |

# 평가

이번 시간에 배운 내용입니다. 잘 읽고, 할 수 있으면 ○표 하세요.

| 평가 내용 | ○표 하는 곳 |
|---|---|
| 1. '100 이하의 수'를 읽고 쓸 수 있다. | |
| 2. '100 이하의 수'를 '막대기와 점'으로 나타낼 수 있다. | |
| 3. 90보다 '10 큰 수'가 얼마인지 말하고 쓸 수 있다. | |

놀·이·학·습 '몇십몇' 그리기

활동자료: 10면체 주사위 2개(부록)

① 주사위를 굴려 나오는 수만큼 '몇십몇'을 그려 보세요.
② 10은 막대기로, 1은 점으로 나타냅니다.

53은 이렇게 나타낼 수 있어요.

| 번호 | 나온 수 | 표현 | |
|---|---|---|---|
| | | 묶음 | 낱개 |
| 예시 | 53 | | |
| 1 | | | |
| 2 | | | |

# 2과. 심상화된 수직선

## 1. 개관

개념 및 원리

"1, 2, 3, 4……"라는 숫자를 들었을 때 숫자가 오른쪽(→)으로 간다는 느낌이 듭니다. 1과 100이 있으면, 100이 훨씬 더 오른쪽(→)에 있다는 느낌이 듭니다. 마찬가지로 100, 50, 1의 수가 있으면, 숫자들이 '거꾸로' 있다고 느껴집니다. 이 모든 것은 이는 우리 마음속에 심상화된 수직선(mental number line)이 자리 잡고 있기 때문입니다.

2단계 1과에서는 마음속에 그려진 심상화된 수직선을 보다 정교화하는 활동을 진행합니다. 이런 수에 대한 개념은 나이가 들수록 더욱 정교해집니다. 발달적으로 수감각이 어려운 학습자들은 마음속으로 심상화된 수직선(심척)이 정교화될 수 있도록 다양한 수량 변별 활동, 비교 활동, 수직선 활동을 해주는 것이 중요합니다.

## 2. 전개 계획

| 차시 | 주제 | 학습목표 |
|------|------|----------|
| 1 | '십 몇'의 순서와 위치 알기 | '십 몇'을 순서대로 나타낼 수 있다. |
| 2 | 빠진 수 찾기 | 1~20의 숫자를 순서대로 배열했을 때, 빠진 수를 찾을 수 있다. |
| 3 | 수직선 이용하기 ① | 1~20의 숫자를 수직선에 나타낼 수 있다. |
| 4 | 수직선 이용하기 ② | 수직선을 이용하여 '십 몇'을 나타내는 표현을 추정할 수 있다. |

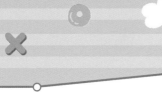

## 3. 지도 유의사항

• 수직선을 그린 뒤, 그 밑에 큐브를 두면서 큐브(구체물)와 수직선을 연결지어 이해할 수 있도록 도와주세요.
• 수직선의 한 칸이 꼭 '1'만을 나타내는 것은 아님을 명시적으로 안내해 주세요.

## 4. 중재 지도안 예시

| 단원(제재) | 심상화된 수직선 | | 대상학년 | 1학년 |
|---|---|---|---|---|
| 본시주제 | 수직선 이용하기 ② | | | |
| 차시 | 4/4 | | 활용전략 | 직접 교수 전략 |
| 교수-학습목표 | 수직선을 이용하여 '십 몇'을 나타내는 표현을 추정할 수 있다. | | | |
| 단계 | 학습요소 | 교수-학습 활동 | 시간 | 자료 및 유의점 |
| 도입 | 선수학습 상기 및 동기유발 | 1~10의 숫자가 수직선에 어디에 있는지 나타내기 | 5 | |
| 안내된 연습 | '절반' 찾기 | • 수직선에서 절반 찾기<br>1~20의 수를 나타내는 수직선에서 '절반'을 나타내 봅시다. | 10 | 장구자석<br>혹은 지우개 |
| | 빈 수직선에 추정하기 | • 빈 수직선에 수직선에서 추정하기<br>빈 수직선에 나타나는 수를 둘 중에서 골라 봅시다. | 5 | |
| 독자적 연습 | | • 1~20의 수를 수직선에서 추정하기(개념학습활동)<br>• 빈수직선하기(놀이학습) | 10<br><br>10 | 익숙해진 아동에게는 보기 없이 연습하게 할 수 있습니다. |

## 5. 학습평가

| 차시 | 평가 내용 | 평가 방법 |
|---|---|---|
| 1 | '십 몇'을 순서대로 나타낼 수 있다. | '십 몇'을 순서대로 나열한다. |
| 2 | 1~20의 숫자를 순서대로 배열했을 때, 빠진 수를 찾을 수 있다. | 숫자를 보고 앞, 중간, 뒤에 나올 숫자가 무엇인지 찾는다. |
| 3 | 1~20의 숫자를 수직선에 나타낼 수 있다. | 불러 주는 수를 수직선에 나타낸다. |
| 4 | 수직선을 이용하여 '십 몇'을 나타내는 표현을 추정할 수 있다. | 수직선에서 불러 주는 수의 위치를 찾아 적절한 위치에 놓는다. |

# 01차시 '십 몇'의 순서와 위치 알기

📖 **학습목표** • '십 몇'을 순서대로 나타낼 수 있다.

## 도입  교사와 함께하기

🗯 활동목표: 10 이하의 수를 순서대로 배열할 수 있다.

❶ 가운데 수보다 '1 작은 수'만큼, '1 큰 수'만큼 색칠을 하고 숫자를 써 봅시다.

1 작은 수                  1 큰 수

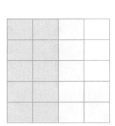

| 1 | 7 |
|---|---|
| 십 | 칠 |

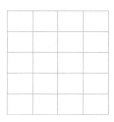

❷ 가운데 수보다 '1 작은 수'와 '1 큰 수'를 써 봅시다.

6   7   8

9

12

15

# 기초학습 1

교사와 함께하기

활동목표: '십 몇'의 순서를 셀 수 있다.

활동자료: 말(장구자석, 지우개 등)

**1** '10' 칸에 말을 하나 놓습니다.

**2** 개구리처럼 칸을 오르면서 숫자를 말해 봅시다.

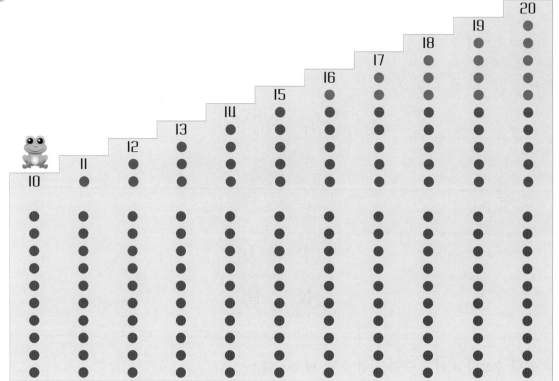

**3** 문제를 맞춰 봅시다. "나는 어디에 있을까요?"

나는 10에서 2칸 올라갔어요. (         )

나는 14에서 3칸 올라갔어요. (         )

나는 18에서 1칸 올라갔어요. (         )

나는 15에서 4칸 올라갔어요. (         )

나는 16에서 3칸 올라갔어요. (         )

**4** 다른 문제를 만들어 봅시다.

🔑 활동목표: '십 몇'의 순서를 거꾸로 셀 수 있다.

📖 활동자료: 말(장구자석, 지우개 등)

**1** '20' 칸에 말을 하나 놓습니다.

**2** 개구리처럼 칸을 내려가면서 숫자를 말해 봅시다.

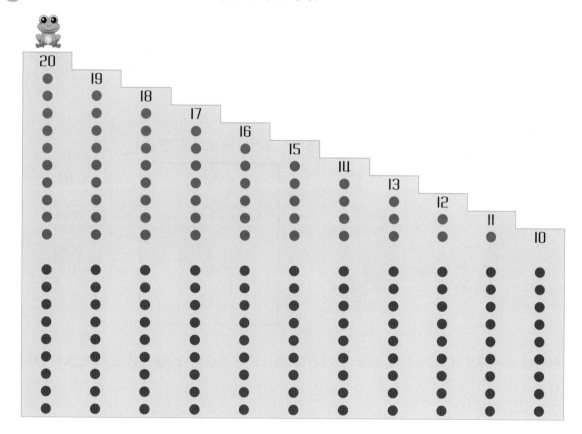

**3** 문제를 맞춰 봅시다. 🐸 "나는 어디에 있을까요?"

　　나는 11에서 1칸 내려갔어요. (　　　)

　　나는 14에서 3칸 내려갔어요. (　　　)

　　나는 17에서 2칸 내려갔어요. (　　　)

　　나는 15에서 5칸 내려갔어요. (　　　)

**4** 다른 문제를 만들어 봅시다.

## 주요학습

💬 활동목표: '십 몇'을 바르게 위치할 수 있다.

**1** 다음의 숫자들은 순서대로 있어야 합니다. 잘못된 부분은 어디일까요?

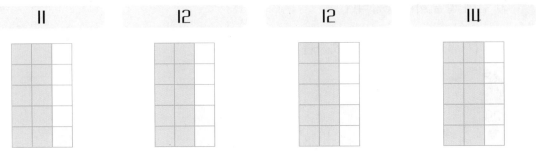

**2** 답이 맞는지 확인해 보세요. 이렇게 12를 13으로 고쳐야 순서대로 됩니다.

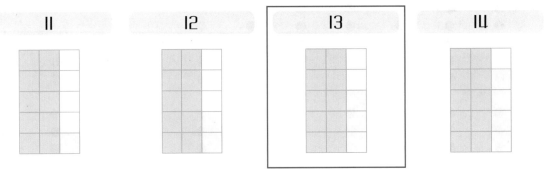

**3** 다음에 순서대로 숫자가 쓰여 있고, 숫자만큼 색칠되어 있습니다. 잘못된 곳이 있으면 고쳐 봅시다.

교사 TIP

아동이 잘못된 부분을 찾으면, 숫자를 알맞게 고쳐 주세요.

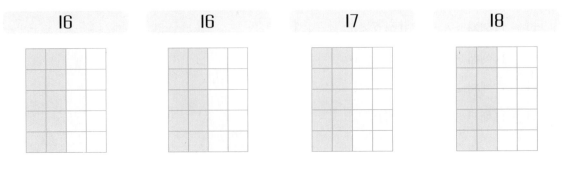

④ 순서가 잘못된 부분을 찾아 알맞게 색칠하거나 숫자를 고쳐 봅시다.

| 13 | 14 | 15 | 15 | 17 |
|----|----|----|----|----|

| 11 | 12 | 13 | 14 | 15 |
|----|----|----|----|----|

| 16 | 17 | 18 | 19 | 20 |
|----|----|----|----|----|

⑤ 다음 숫자를 보고, 순서대로 되어 있지 않은 부분을 찾아 고쳐 봅시다.

| 14 | 14 | 16 | 17 | 18 |
|----|----|----|----|----|
| 12 | 13 | 13 | 15 | 16 |
| 9 | 11 | 11 | 12 | 13 |

## 개념학습활동

■ 숫자가 순서대로 쓰여 있는 기차를 찾아 빈칸에 ★표 하세요.

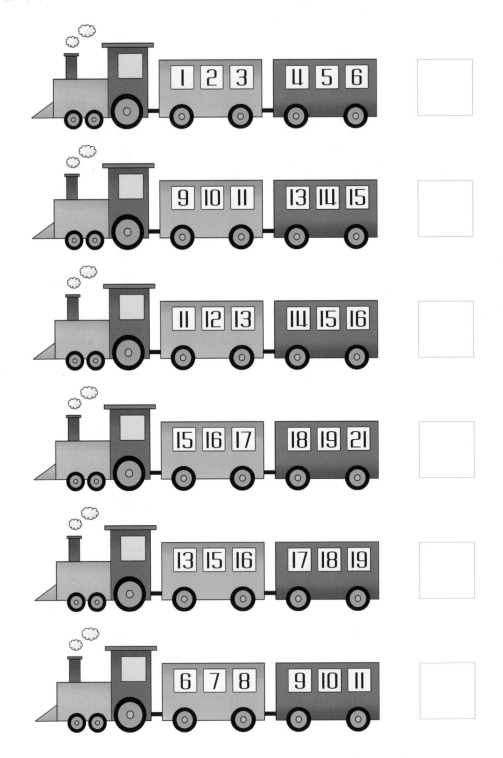

## 주요학습활동 1

 스스로 하기

■ 숫자 계단을 올라가면서 알맞은 수를 써넣어 보세요. 순서가 섞인 〈보기〉의 숫자를 이용하여 힌트를 얻을 수 있습니다.

<보기>

| 11 | 13 | 12 | 15 | 14 |

<보기>

| 15 | 19 | 16 | 18 | 17 |

15

14

13

12

11

15

<보기>

| 20 | 18 | 17 | 19 | 16 |

<보기>

| 9 | 12 | 13 | 10 | 11 |

16

9

## 주요학습활동 2

스스로 하기

■ 숫자 계단을 내려가면서 알맞은 수를 써넣어 보세요. 순서가 섞인 〈보기〉의 숫자를 이용하여 힌트를 얻을 수 있습니다.

〈보기〉

| 11 | 15 | 12 | 13 | 14 |

15

〈보기〉

| 20 | 16 | 18 | 17 | 19 |

20

〈보기〉

| 12 | 15 | 14 | 13 | 16 |

16

〈보기〉

| 13 | 10 | 9 | 12 | 11 |

13

# 평가

이번 시간에 배운 내용입니다. 잘 읽고, 할 수 있으면 ○표 하세요.

| 평가 내용 | ○표 하는 곳 |
|---|---|
| 1. '11~20의 수'를 보고, 순서대로 나열할 수 있다. | |
| 2. '11~20의 수'를 순서대로 말할 수 있다. | |
| 3. '11~20의 수'를 거꾸로 말할 수 있다. | |

### 놀 이 학 습  연결 큐브를 이용하여 탑 쌓기

활동목표: 10~19의 숫자만큼 탑을 쌓을 수 있다.

활동자료: 연결 큐브

① 숫자판 위에 연결 큐브를 숫자만큼 올려 보세요.
② 각 연결 큐브의 높이를 비교해 봅시다.

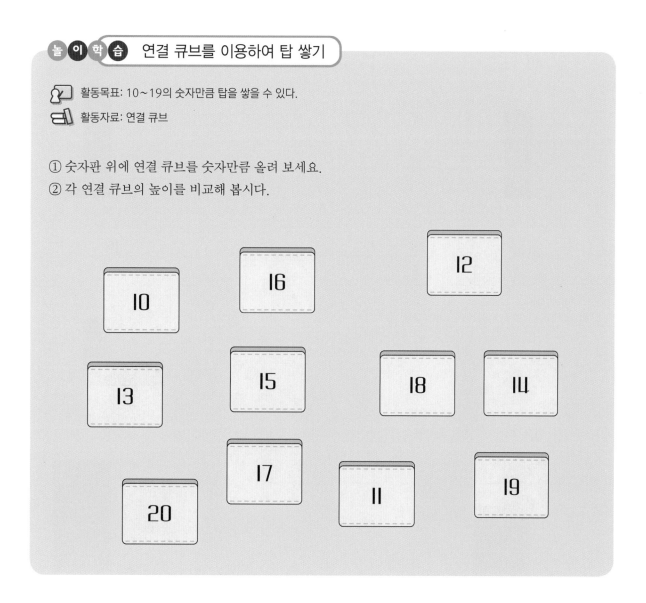

# 02 차시 빠진 수 찾기

📖 **학습목표** • 1~20의 숫자를 순서대로 배열했을 때, 빠진 수를 찾을 수 있다.

## 도입

교사와 함께하기

🔑 활동목표: '1 작은 수'와 '1 큰 수'를 보고 사이에 올 수를 찾을 수 있다.

● 사이에 올 수는 얼마일지 숫자를 쓰고, 색칠해 봅시다.

| 1 작은 수 | | 1 큰 수 |
|---|---|---|
| 14 | ( ) | 16 |

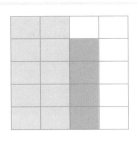
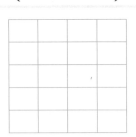
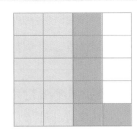

| 11 | ( ) | 13 |
|---|---|---|

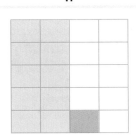
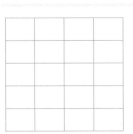
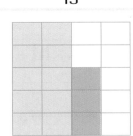

| 18 | ( ) | 20 |
|---|---|---|

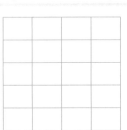

# 기초학습

 활동목표: 10~20의 수를 순서대로 배열했을 때, 빠진 수를 찾아 쓰고 나타낼 수 있다.

● 숫자 순서대로 나열되어 있습니다. 색칠된 칸을 보고 숫자를 써 봅시다.

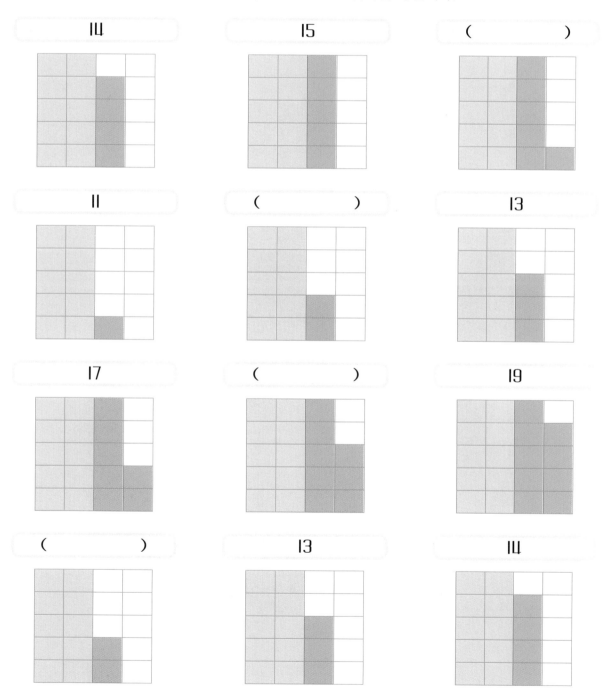

|14|15|(      )|
|---|---|---|

|11|(      )|13|
|---|---|---|

|17|(      )|19|
|---|---|---|

|(      )|13|14|
|---|---|---|

🗨 활동목표: '1~20의 수' 중 빠진 수를 찾아 순서대로 배열할 수 있다.

**①** 숫자 순서대로 배열했을 때 빠진 수만큼 색칠하고, 숫자를 써 봅시다.

| 14 | 15 | (     ) |

| 18 | 19 | (     ) |

| 13 | (     ) | 15 |

| 9 | (     ) | 11 |

| (      ) | 13 | 14 |
|---|---|---|

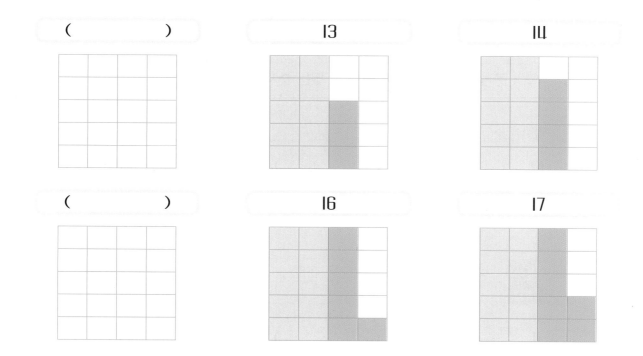

| (      ) | 16 | 17 |
|---|---|---|

② 숫자를 순서대로 나열했을 때, 빠진 수를 써 봅시다.

| 13 | 14 | |
|---|---|---|

| 17 | | 19 |
|---|---|---|

| 15 | | 17 |
|---|---|---|

| | 11 | 12 |
|---|---|---|

# 개념학습활동

■ '1 작은 수'와 '1 큰 수'를 보고 사이에 올 수를 있는 숫자를 써 봅시다.

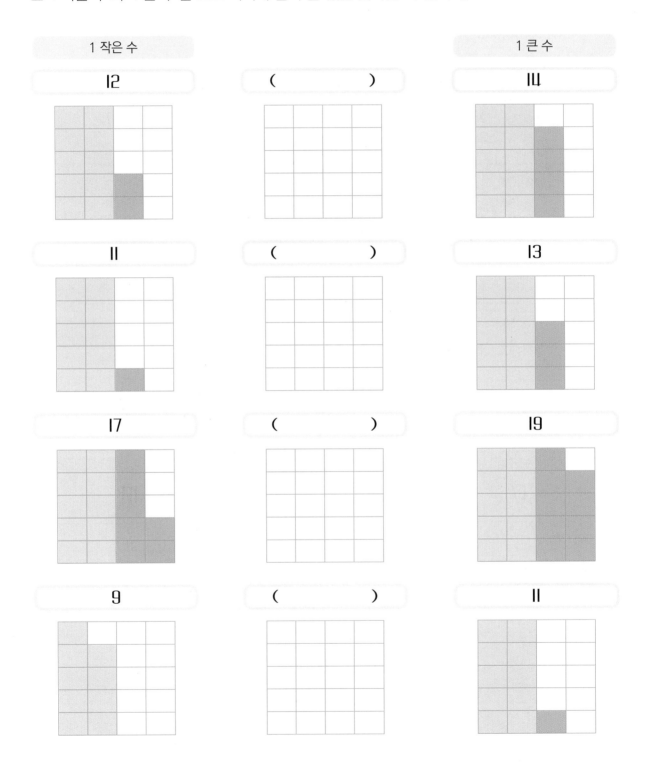

**1.** 숫자 순서대로 배열했을 때 빠진 수만큼 색칠하고, 빈칸에 알맞은 숫자를 써 봅시다.

| 16 | 17 | (　　　　) |
|---|---|---|

 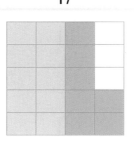 

| 8 | 9 | (　　　　) |
|---|---|---|

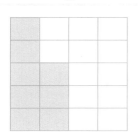 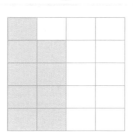 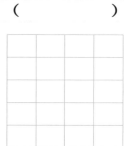

| 15 | (　　　　) | 17 |
|---|---|---|

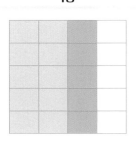 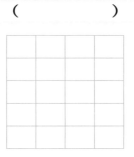 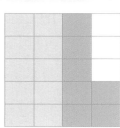

| 10 | (　　　　) | 12 |
|---|---|---|

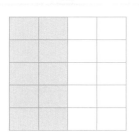  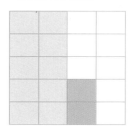

## 2. 숫자 순서대로 배열했을 때 빠진 숫자를 써 봅시다.

| | | |
|---|---|---|
| 10 | 11 | |

| | | |
|---|---|---|
| 13 | 14 | |

| | | |
|---|---|---|
| 18 | 19 | |

| | | |
|---|---|---|
| 7 | | 9 |

| | | |
|---|---|---|
| 15 | | 17 |

| | | |
|---|---|---|
| 12 | | 14 |

| | | |
|---|---|---|
| | 10 | 11 |

| | | |
|---|---|---|
| | 18 | 19 |

| | | |
|---|---|---|
| | 15 | 16 |

# 평가

이번 시간에 배운 내용입니다. 잘 읽고, 할 수 있으면 ○표 하세요.

| 평가 내용 | ○표 하는 곳 |
|---|---|
| 1. '1~20의 수' 중 뒤에 나올 숫자가 무엇인지 찾을 수 있다. | |
| 2. '1~20의 수' 중 가운데에 나올 숫자가 무엇인지 찾을 수 있다. | |
| 3. '1~20의 수' 중 앞에 나올 숫자가 무엇인지 찾을 수 있다. | |

## 놀 이 학 습  연속한 세 수를 찾아라

활동목표: 10~20의 수 중 3개 연속 순서대로 나와 있는 수를 찾을 수 있다.

● 가로 혹은 세로로, 3개 연속으로 순서대로 배열된 수를 찾아 모두 동그라미해 봅시다.

| 11 | 12 | 13 | 19 | 16 | 17 |
|---|---|---|---|---|---|
| 13 | 14 | 16 | 15 | 19 | 16 |
| 14 | 16 | 15 | 16 | 9 | 14 |
| 15 | 17 | 19 | 17 | 11 | 10 |
| 18 | 18 | 10 | 11 | 12 | 12 |
| 20 | 15 | 11 | 17 | 13 | 17 |
| 10 | 11 | 15 | 13 | 15 | 18 |
| 9 | 12 | 13 | 14 | 16 | 17 |
| 12 | 13 | 14 | 19 | 18 | 19 |

# 03차시 수직선 이용하기 (1)

📖 **학습목표** • 1~20의 숫자를 수직선에 나타낼 수 있다.

## 도입

교사와 함께하기

🗨 활동목표: 1~10의 숫자를 수직선에 나타낼 수 있다.

**1** 빠진 수를 써넣어 봅시다.

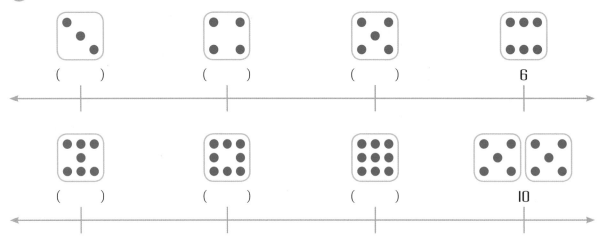

**2** 빈칸에 알맞은 수를 써서 수직선을 완성해 봅시다.

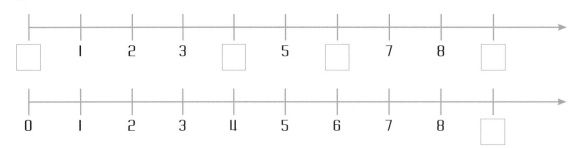

**3** 10 이후의 수직선을 읽어 봅시다.

# 기초학습

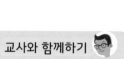

교사와 함께하기

활동목표: '0~20의 수'를 수직선에서 읽을 수 있다.

● 수직선 위의 점을 보며 수를 읽어 보세요. (책을 옆으로 돌려 보세요.)

## 주요학습 1

활동목표: 9~20의 수의 순서에서 빠진 수를 찾아 써 봅시다.

● 점을 세어서 수직선을 완성해 봅시다.

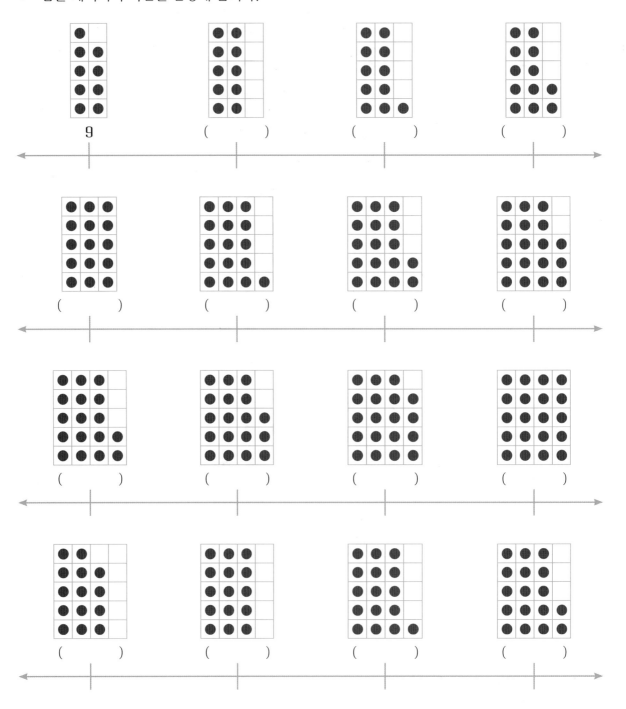

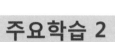

## 주요학습 2

활동목표: '1~20의 수' 중 일부를 수직선에 순서대로 나타낼 수 있다.

● 수직선의 빈칸을 채워 봅시다.

8    9    10    (    )

17    18    19    (    )

15    16    (    )    18

13    (    )    15    16

(    )    17    18    19

(    )    10    11    12

## 개념학습활동

■ 빈 칸에 알맞은 수만큼 점을 그리거나 색칠해 보세요. 책을 옆으로 돌려 보세요.

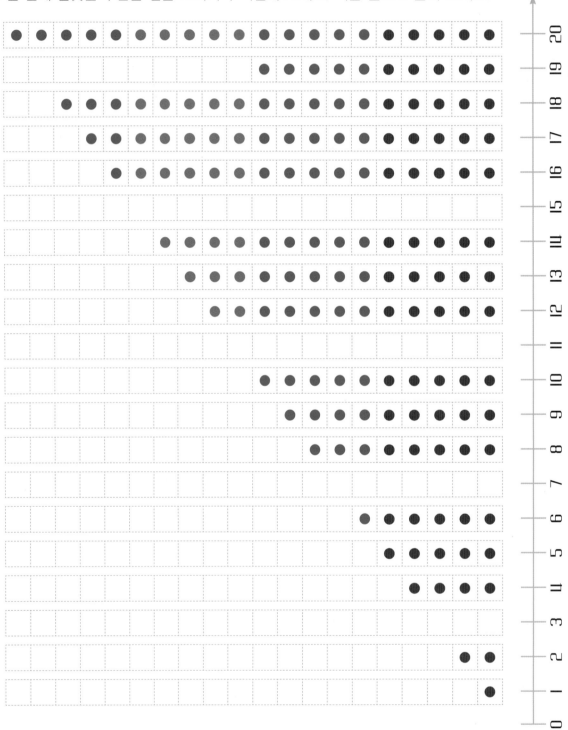

## 주요학습활동

스스로 하기

**1.** 1부터 10까지 수를 손가락으로 가리키며 읽어 봅시다.

**2.** 각 그림이 어떤 수를 나타내는지 연결해 보세요.

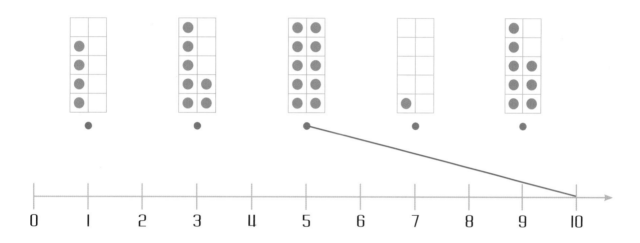

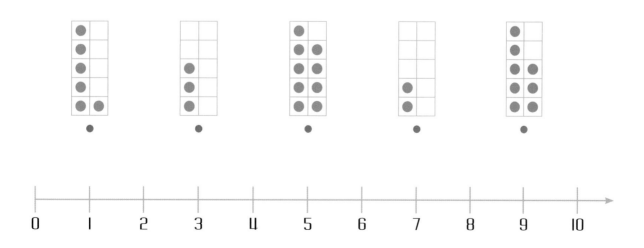

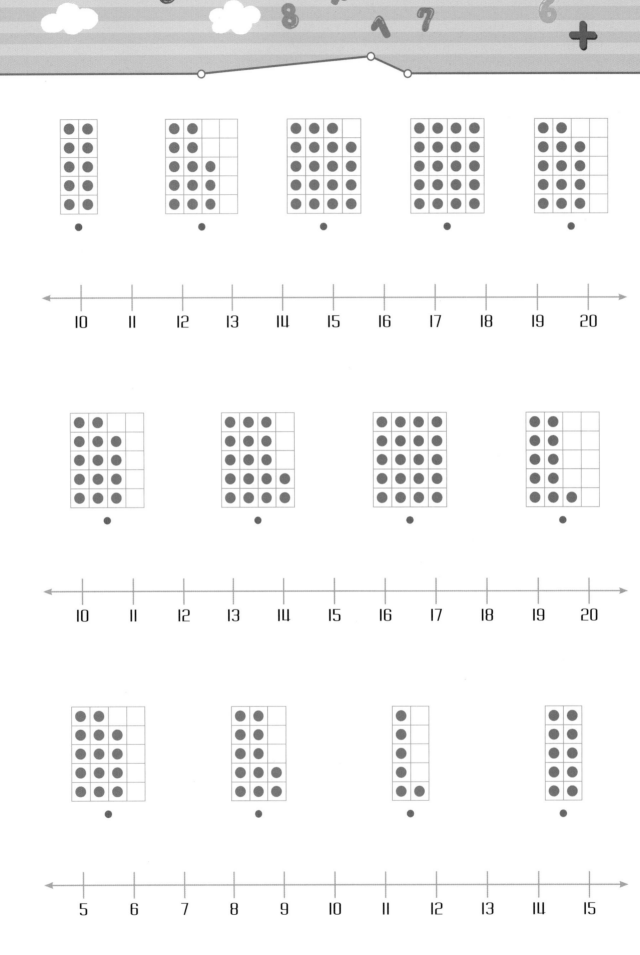

# 평가

이번 시간에 배운 내용입니다. 잘 읽고, 할 수 있으면 ○표 하세요.

| 평가 내용 | ○표 하는 곳 |
|---|---|
| 1. '1～20까지의 수'를 수직선에서 찾아 읽을 수 있다. | |
| 2. '1～20까지의 수'를 수직선에 표현할 수 있다. | |

놀 이 학 습   수직선 놀이

활동목표: '10～20의 수'를 수직선 위에 나타낼 수 있다.

활동자료: 말로 활용할 수 있는 지우개

① 짝꿍과 함께 '가위, 바위, 보'로 순서를 정합니다.
② 이긴 사람은 마음속으로 11～20의 숫자 중 하나를 생각합니다.
③ 숫자가 무엇인지 알 수 있게 힌트를 한 가지씩 줍니다.
    예를 들어, "이 숫자는 10묶음은 1개고, 낱개는 3이야."
    이 힌트를 듣고, 짝꿍은 말을 수직선에 올려놔요.
    짝꿍이 13에 말을 놓을 수 있다면 10점을 얻을 수 있어요.
④ 만약 짝꿍이 맞추지 못하면 힌트를 한 번 더 줍니다.
    힌트가 늘어날 때마다 점수가 5점, 3점, 1점으로 줄어들어요.
⑤ 문제를 맞추면 순서를 바꿔서 진행합니다.

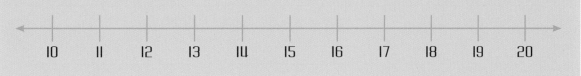

# 04차시 수직선 이용하기 (2)

📖 **학습목표** • 수직선을 이용하여 '십 몇'을 나타내는 표현을 추정할 수 있다.

## 도입

교사와 함께하기

🔲 활동목표: 1~10의 숫자가 수직선의 어디에 있는지 나타낼 수 있다.

**1** 다음 빈 수직선을 보고 숫자를 표현해 봅시다.

가장 큰 수는 얼마를 나타내고 있나요?

가장 작은 수는 얼마를 나타내고 있나요?

5는 어디쯤에 있을까요?

**2** 수직선이 더 커졌어요.

가장 큰 수는 얼마를 나타내고 있나요?

10은 어디쯤에 있을까요?

5는 어디쯤에 있을까요?

**3** 다음 두 수직선은 어떤 차이가 있는지 말해 봅시다.

두 수직선에서 가장 큰 수는 각각 얼마인가요?

두 수직선에서 각각 5는 어디에 있나요?

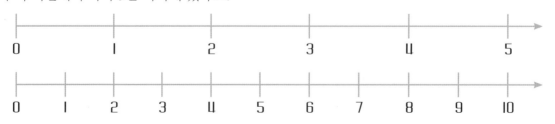

# 기초학습

 활동목표: 1~20의 수를 나타내는 수직선에서 '절반'을 나타낼 수 있다.

활동자료: 연결 큐브

**1** 연결 큐브를 원하는 만큼 이어 보고, 반으로 나눠 봅시다. 그 수가 '절반'을 나타냅니다.

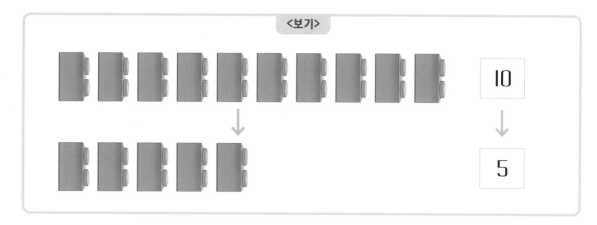

**2** 20의 절반은 얼마일까요? 손가락을 이용하거나 연결 큐브를 이용하여 찾아봅시다.

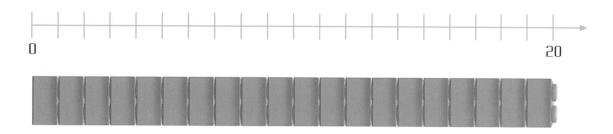

**3** 20을 다른 숫자로 바꿔서 절반을 찾아봅시다. 수직선이나 연결 큐브를 이용하세요.

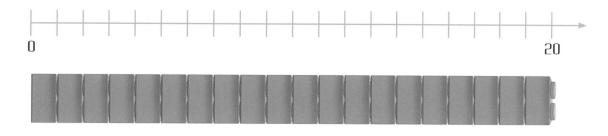

## 주요학습

활동목표: 1~20의 수를 수직선에서 추정할 수 있다.

**1** ★에 올 숫자는 얼마일까요? 〈보기〉의 두 수 중 어느 수가 더 적절할지 생각해 봅시다.

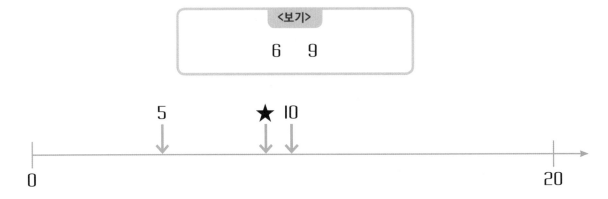

**2** 마음속으로 자를 그려 보면 ★이 9쯤 된다는 것을 알 수 있습니다.

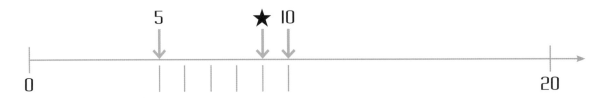

**3** 〈보기〉 중에서 빈칸에 들어갈 알맞은 수를 골라 봅시다.

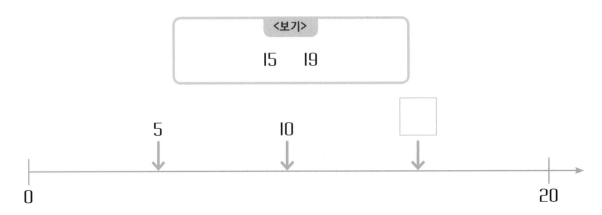

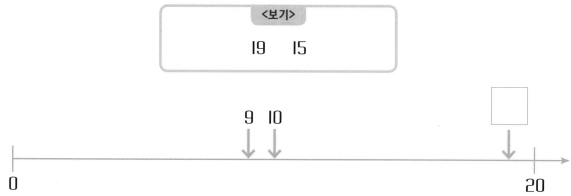

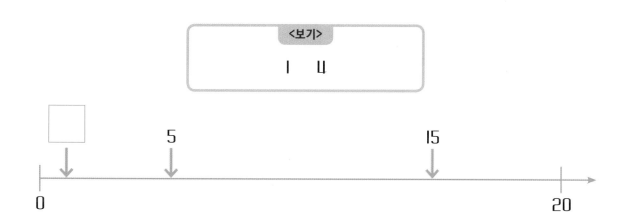

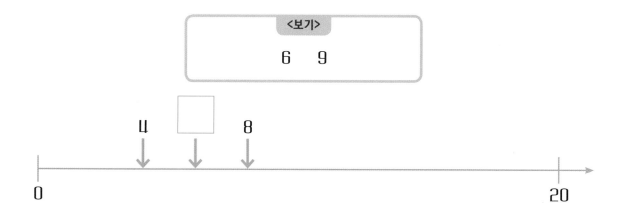

# 개념학습활동

 스스로 하기

📚 활동자료: 빈 수직선(부록)

■ 〈보기〉가 나타내는 수의 '절반'이 얼마인지 다양한 방법으로 찾아보세요. 손가락을 이용하거나 연결 큐브를 이용해도 좋습니다.

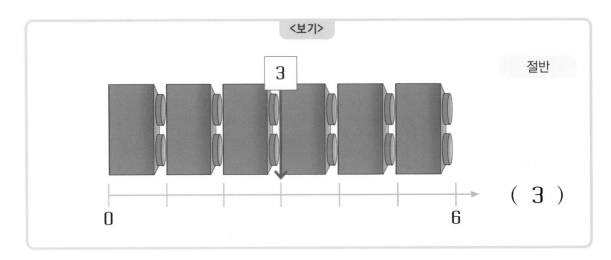

<보기>

절반

( 3 )

절반

0 ————————— 12   (   )

0 ————————— 10   (   )

0 ————————— 20   (   )

0 ————————— 14   (   )

0 ————————— 16   (   )

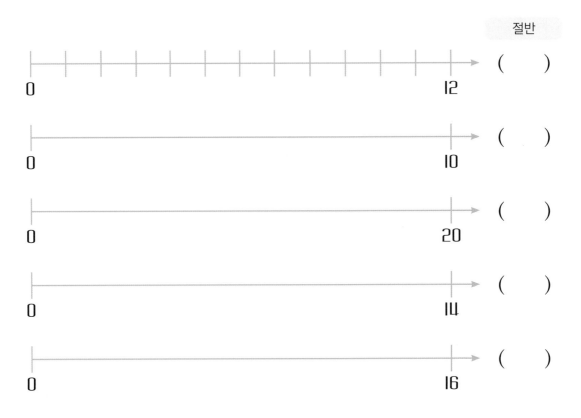

## 주요학습활동

스스로 하기

■ 〈보기〉를 보고, 빈칸에 들어갈 숫자가 무엇일지 써 봅시다.

〈보기〉

18    15

2                                    16    □

0                                              20

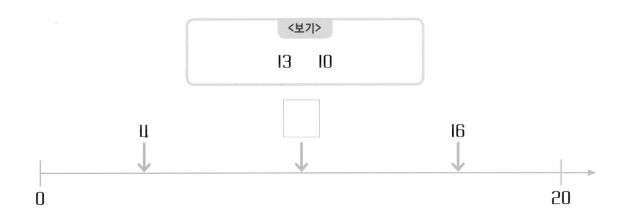

〈보기〉

13    10

4              □              16

0                                    20

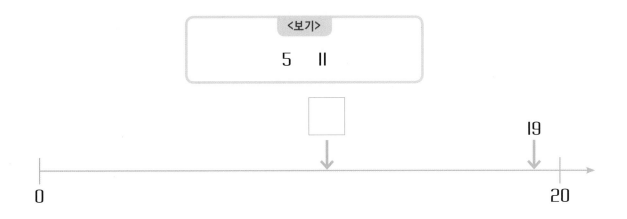

〈보기〉

5    11

□              19

0                                    20

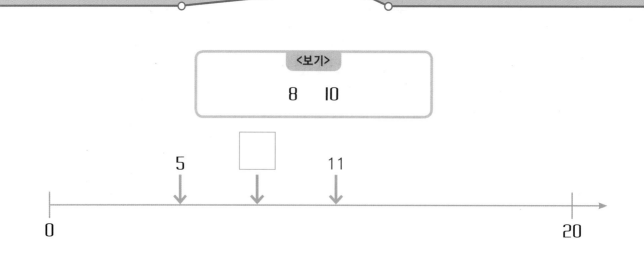

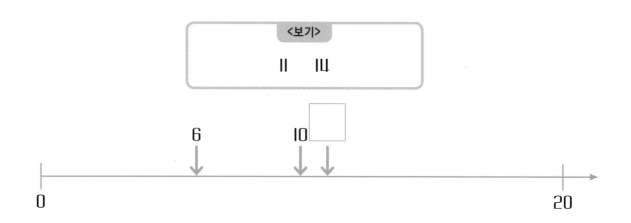

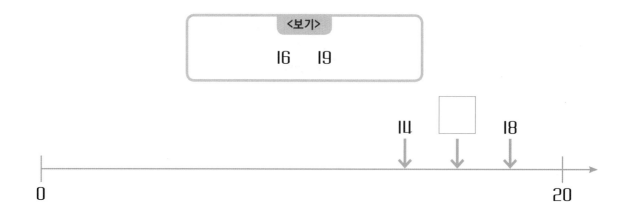

# 평가

이번 시간에 배운 내용입니다. 잘 읽고, 할 수 있으면 ○표 하세요.

| 평가 내용 | ○표 하는 곳 |
|---|---|
| 1. '1~10의 수'를 보고 수직선에서 어디쯤인지 표현할 수 있다. | |
| 2. '10~20의 수'를 보고 수직선에서 어디쯤인지 표현할 수 있다. | |

놀 이 학 습  어디에 있을까?

활동목표: '11~20의 수'를 보고 수직선에 추정할 수 있다.

활동자료: 말(지우개, 공깃돌)

① 짝꿍과 함께 '가위, 바위, 보'로 순서를 정해요.
② 이긴 사람은 마음 속으로 11~20의 숫자 중 하나를 생각해서 말합니다. "20"
③ 말을 사용하여 20을 수직선 위에 잘 놓으면 1점을 얻습니다.
④ 순서를 바꿔 반복합니다.
⑤ 10점을 먼저 얻는 사람이 승리합니다.

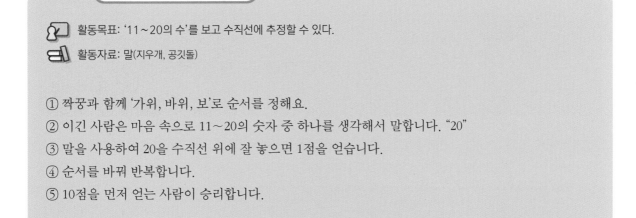

# 3과. 수량 변별

 **1. 개관**

수학 이야기

동물은 수량이 많고 적음을 구분할 수 있을까요? 정답은 "할 수 있다."입니다. 사자를 떠올려 볼까요? 왼쪽 수풀에는 아주 많은 영양 떼가 있고, 오른쪽에는 1마리의 영양이 있습니다. 당연히 왼쪽으로 달려가야 사냥에 성공할 가능성이 높아지기 때문에 사자는 수량을 구분할 수 있다고 합니다. 그럼 수학을 아직 배우지 않은 신생아는 수량이 많고 적음을 구분할 수 있을까요? 그렇습니다. 1:2의 비율로 있는 환경(예: 4개와 8개)을 구분할 수 있다가 학교에서 수학을 배우면서 점차 작은 비율(예: 1:1.5, 1:1.2)의 수량을 정교하게 구분할 수 있게 된다고 합니다(안승철, 2010).

## 2. 전개 계획

| 차시 | 평가 내용 | 평가 방법 |
|---|---|---|
| 1 | '1~20의 수'와 수량을 함께 순서 지을 수 있다. | '1~20의 수'를 수량과 함께 순서 짓는다. |
| 2 | '1~20의 수'를 나타내는 '수량'을 보고 양을 비교할 수 있다. | '1~20의 수'의 수량을 보고 크고 작음을 비교한다. |
| 3 | '1~20의 수'를 나타내는 '수'를 보고 수를 비교할 수 있다. | '1~20의 수'의 숫자를 보고 크고 작음을 비교한다. |
| 4 | '1~20의 수'를 나타내는 '수'와 '수량'를 보고 비교할 수 있다. | '1~20의 수'의 수량과 수량을 서로 비교한다. |

## 3. 지도 유의사항

- 구체물과 반구체물을 직접 10씩 묶어 세어 보면서 십진법에 대한 위치적 기수법을 도입하도록 합니다.
- mathlearningcenter.org/apps에서 무료로 수직선이나 10프레임을 활용하실 수 있습니다. 컴퓨터나 태블릿, 스마트폰 등을 이용하여 수직선을 웹으로 구현하여 사용하며 시범을 보여 주면 더욱 좋습니다.

## 4. 중재 지도안 예시

| 단원(제재) | 수량 변별 | 대상학년 | 1학년 |
|---|---|---|---|
| 본시주제 | 1) 수와 양을 비교하기 | | |
| 차시 | 4/4 | 활용전략 | 직접 교수 전략 |
| 교수-학습 목표 | '1~20의 수'의 수와 양을 섞어 비교할 수 있다. | | |

| 단계 | 학습요소 | 교수-학습 활동 | 시간 | 자료 및 유의점 |
|---|---|---|---|---|
| 도입 | 선수학습 상기 및 동기유발 | '1~20 수'의 많고 적음을 비교하기 | 5 | |
| 안내된 연습 | 수량과 수 단번에 파악하기 | '1~20의 수'를 나타내는 수량과 수 비교하기 | 15 | 수량 파악을 단번에 하는 것이 어려울 경우, 숫자로 표현하고 반대로 숫자를 수량으로 표현할 수 있게 해 주세요. |
| 독자적 연습 | 수량과 수를 기준수와 비교하기 | '1~20의 수'를 나타내는 수량과 수를 기준 수와 비교하기<br>- 숫자도미노로 큰 수 찾기 놀이하기(놀이학습) | 15<br>5 | |

## 5. 학습평가

| 차시 | 평가 내용 |
|---|---|
| 1 | '1~20의 수'와 수량을 함께 순서 지을 수 있다. |
| 2 | '1~20의 수'를 나타내는 '수량'을 보고 양을 비교할 수 있다. |
| 3 | '1~20의 수'를 나타내는 '수'를 보고 수를 비교할 수 있다. |
| 4 | '1~20의 수'를 나타내는 '수'와 '수량'를 보고 비교할 수 있다. |

# 01 차시 '십 몇'의 양과 수 순서 짓기

📖 **학습목표** • '1~20의 수'와 수량을 함께 순서 지을 수 있다.

## 도입

**교사와 함께하기**

💬 활동목표: '1~20의 수' 중 일부를 보고 순서에 맞게 수량을 나타낼 수 있다.

● 그림을 보고, 순서대로 나타내도록 색칠해 봅시다.

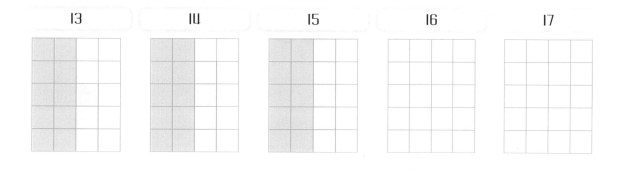

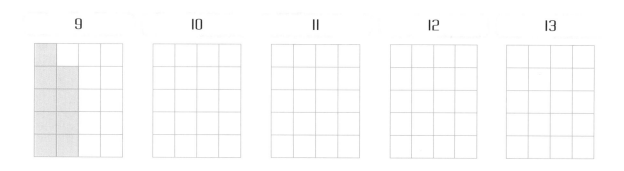

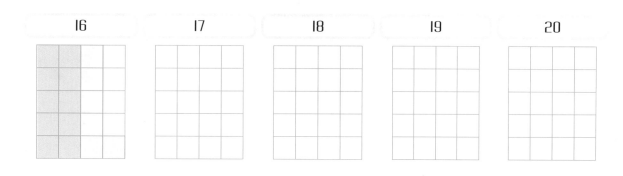

## 기초학습

활동목표: 같은 '수'를 나타낸 것을 찾을 수 있다.

● 그림을 보고, '15'를 나타낸 것을 모두 찾아 ○표 해 봅시다.

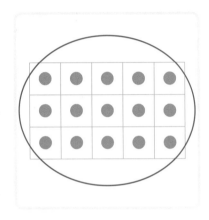

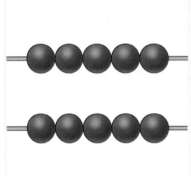

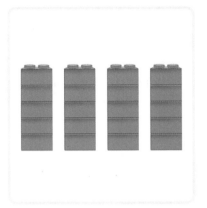

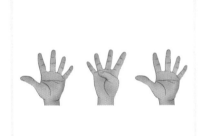

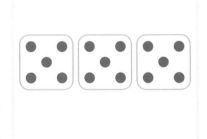

## 주요학습

🔲 활동목표: '10~20의 수'를 순서 지을 수 있다.

**1** 10부터 20까지의 수가 순서대로 연결되도록 길을 찾아가 봅시다.

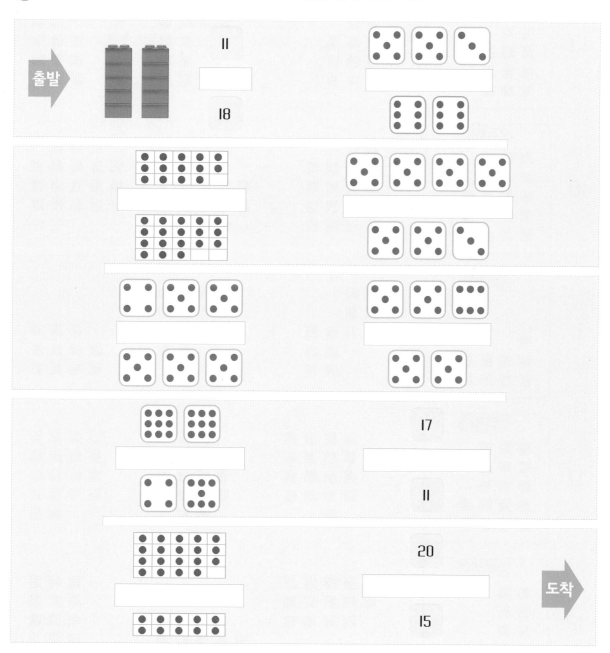

**2** 길을 어떻게 찾으면서 왔는지 설명해 봅시다.

■ 〈보기〉와 같은 수량을 나타내는 그림을 찾아 모두 ○표 해 보세요.

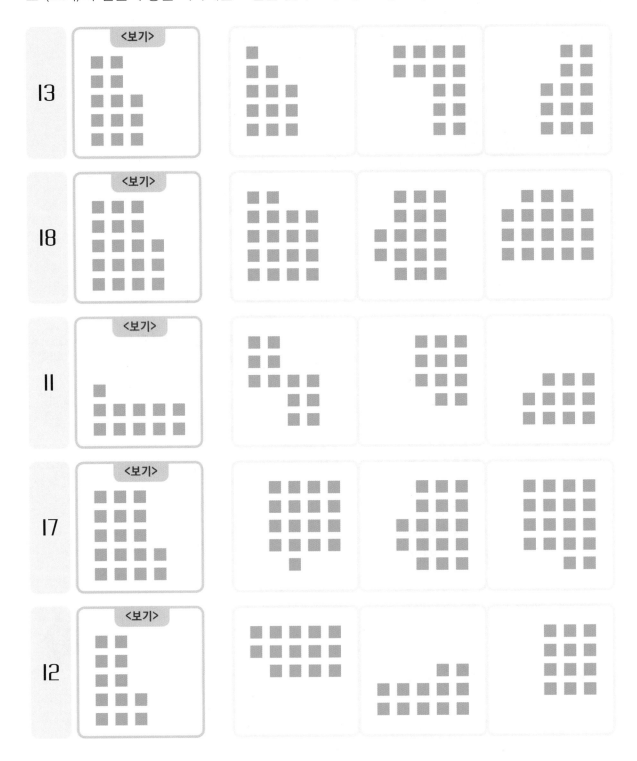

**1.** 20부터 10까지의 수가 순서대로 연결되도록 길을 찾아가 봅시다.

출발 ▶ | 20

⚃ ⚄

19

18

⚅ ⚅

16

⚅ ⚃ ⚃

13

17

15

Ⅰ4

12

13

10

⚄ ⚄ ⚄

ⅠⅠ

20

Ⅰ3

도착 ▶

**2.** 길을 어떻게 찾으면서 왔는지 설명해 봅시다.

# 평가

이번 시간에 배운 내용입니다. 잘 읽고, 할 수 있으면 ○표 하세요.

| 평가 내용 | ○표 하는 곳 |
|---|---|
| 1. '1~20의 수'를 보고 수량으로 표현할 수 있다. | |
| 2. '1~20의 수'를 나타낸 점을 보고 숫자로 표현할 수 있다. | |
| 3. '1~20의 수'를 순서 지을 수 있다. | |

놀 이 학 습  주사위로 순서짓기

📚 활동자료: 주사위 3~4개

주사위로 수 묶기 놀이를 해 봅시다. 주사위를 하나씩 던져 10을 만들어 봅시다.

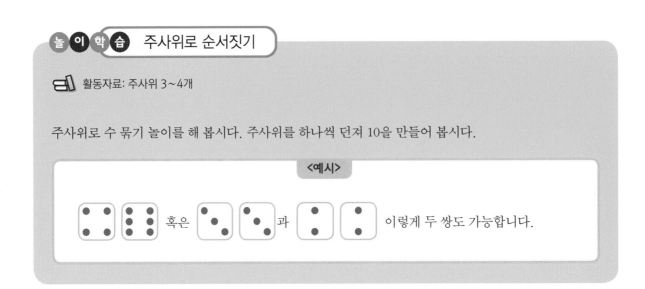

&lt;예시&gt;

혹은 과 이렇게 두 쌍도 가능합니다.

# 02 차시    양 비교하기

📖 **학습목표** • '1~20의 수'를 나타내는 '수량'을 보고 양을 비교할 수 있다.

## 도입

🗨 활동목표: '1~20의 수'의 많고 적음을 직관적으로 비교할 수 있다.

● 두 그림을 비교해 봅시다. 어느 쪽에 점이 더 많나요?

㉮

㉯

㉰

# 기초학습

 교사와 함께하기

활동목표: '1~20의 수'를 표현한 점을 보고 큰 수를 찾을 수 있다.

● 둘 중 더 큰 수를 표현한 그림에 ○표 해 보세요.

㉮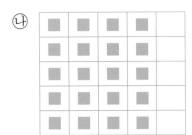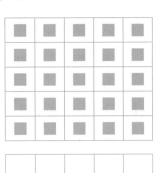

㉯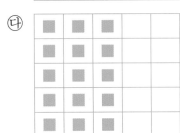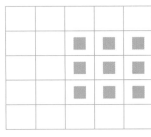

㉰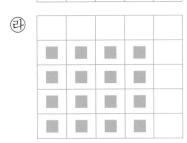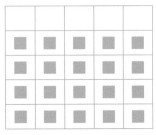

㉱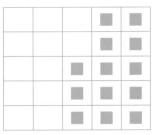

㉲

## 주요학습

활동목표: '1~20의 수'의 '양'끼리 비교할 수 있다.

**1** ☐ 중 알맞은 것을 골라 봅시다.

**교사 TIP**

기준보다 더 작은 수를 고를 수 있도록 도와주세요.

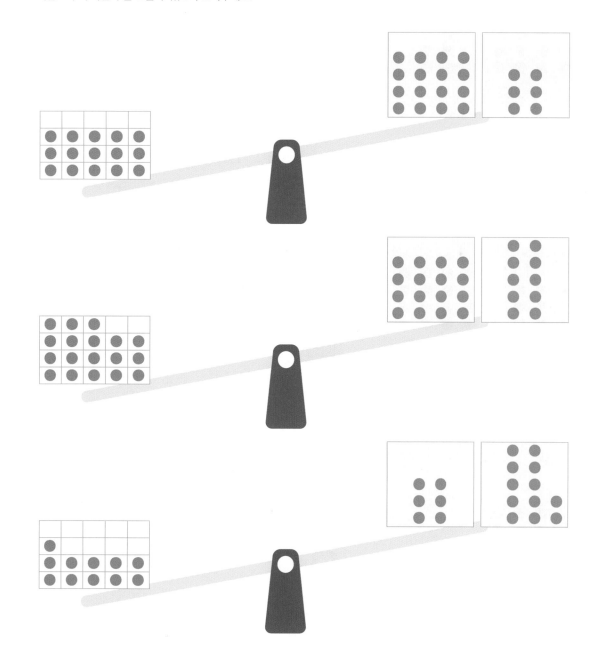

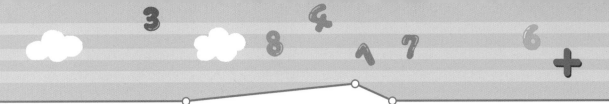

② ☐ 중 알맞은 것을 골라 봅시다.

교사 TIP

기준보다 더 큰 수를 고를 수 있도록 도와주세요.

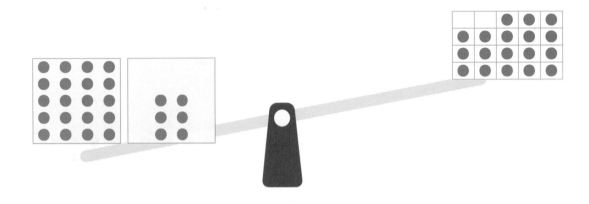

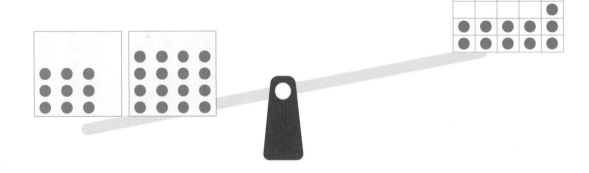

1. ☐ 중 알맞은 것을 골라 봅시다.

**1**

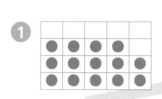

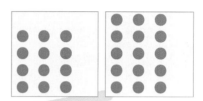

**2**

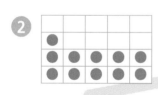

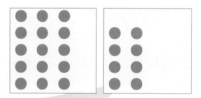

**3**

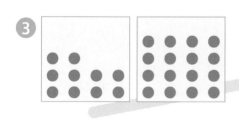

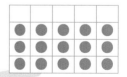

# 평가

이번 시간에 배운 내용입니다. 잘 읽고, 할 수 있으면 ○표 하세요.

| 평가 내용 | ○표 하는 곳 |
|---|---|
| 1. '1~20의 수'를 표현한 점을 보고 크기를 비교할 수 있다. | |
| 2. '1~20의 수'를 표현한 점을 보고 기준수보다 크고 작음을 비교할 수 있다. | |

**놀이학습** 10배경판카드로 큰 수 찾기

📖 활동자료: 10배경판카드(부록)

① 카드를 섞어서 반씩 나눠 가집니다.
② 둘이 동시에 카드를 한 장씩 냅니다.

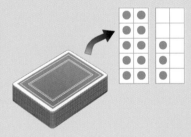 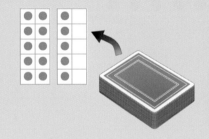

③ 더 큰 숫자가 나온 사람은 비교하는 말을 합니다.
   (예: '15'는 '13'보다 큽니다.)
④ 비교하는 말을 잘 한 사람은 카드를 없앨 수 있습니다.
⑤ 차례를 바꾸어 반복합니다. 카드를 가장 먼저 없애는 사람이 승리합니다.

| 친구가 낸 카드 | 내가 낸 카드 | 비교하는 말 |
|---|---|---|
| 〈예시〉 13 | 15 | '15'는 '13'보다 큽니다. |

# 03차시  수 비교하기

📖 **학습목표**  • '1~20의 수'를 비교할 수 있다.

## 도입

교사와 함께하기

🔑 활동목표: '1~20의 수'의 많고 적음을 비교할 수 있다.

● 두 그림을 비교해 봅시다. 더 큰 수를 찾아 ○표 해 봅시다.

㉮

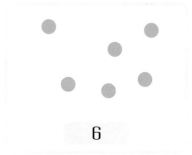

6 ‖

㉯

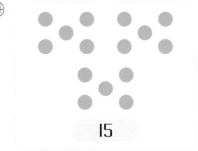

15 5

㉰

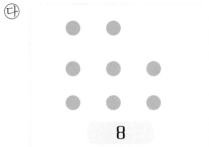 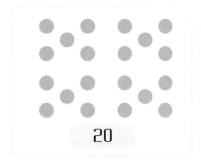

8 20

# 기초학습

 교사와 함께하기

🔖 활동목표: '1~20의 수'를 나타내는 수량과 수를 보고 크기를 비교할 수 있다.

**1** 둘 중 더 큰 수를 표현한 그림에 ○표 해 보세요.

㉮

13

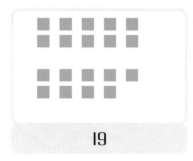
19

㉯

20

16

**2** 둘 중 더 작은 수를 표현한 그림에 ○표 해 보세요.

㉮

17

11

㉯
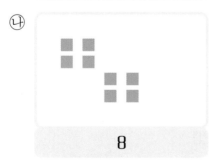
8

12

# 주요학습

활동목표: '1~20의 수'의 크고 작음을 비교할 수 있다.

**1** ☐ 안에 들어갈 수 있는 것을 골라 봅시다.

교사 TIP 기준보다 더 작은 수를 고를 수 있도록 도와주세요.

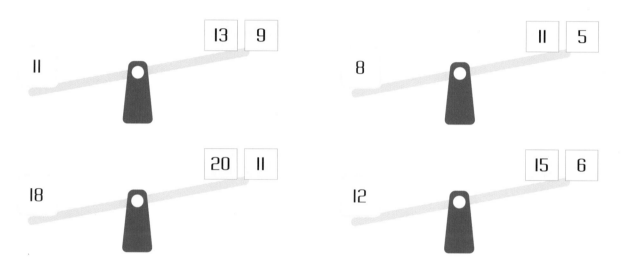

**2** ☐ 안에 들어갈 수 있는 것을 골라 봅시다.

교사 TIP 기준보다 더 큰 수를 고를 수 있도록 도와주세요.

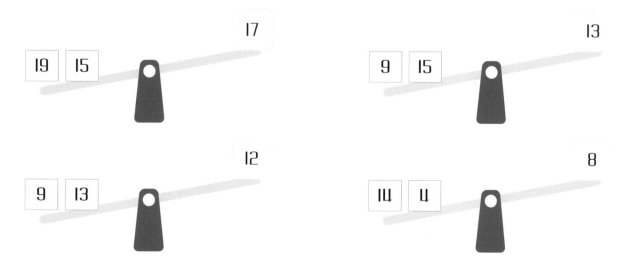

03차시 수 비교하기　**225**

## 기초학습활동

스스로 하기

**1.** 둘 중 더 큰 수를 표현한 그림에 ◯표 하세요.

❶

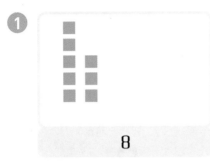
8

20

❷

III

9

**2.** 둘 중 더 작은 수를 표현한 그림에 ◯표 하세요.

❶

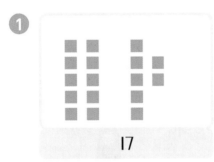
I7

II

❷

6

I3

**226** 2단계 〈3과〉 수량 변별

## 주요학습활동

**1.** ☐ 안에 들어갈 수 있는 것을 골라 봅시다.

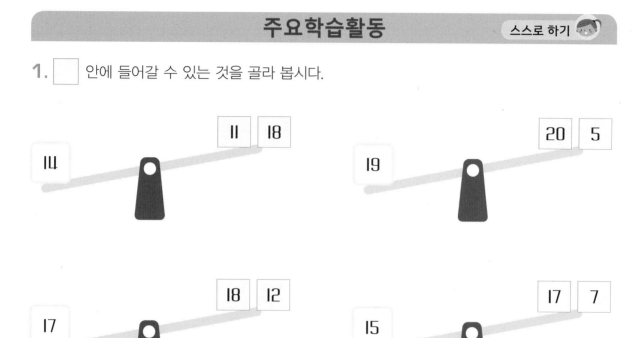

**2.** ☐ 안에 들어갈 수 있는 것을 골라 봅시다.

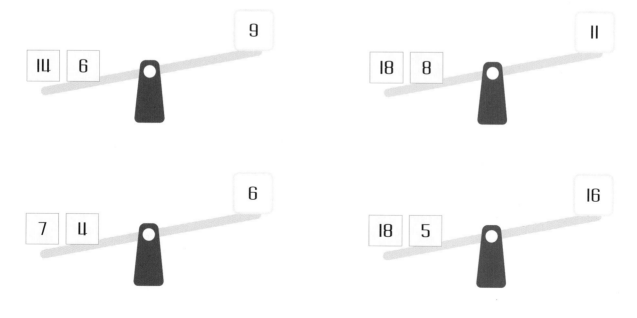

# 평가

이번 시간에 배운 내용입니다. 잘 읽고, 할 수 있으면 ○표 하세요.

| 평가 내용 | ○표 하는 곳 |
|---|---|
| 1. '1~20의 수' 크기를 비교할 수 있다. | |
| 2. '1~20의 수'를 기준 수보다 큰지 작은지 비교할 수 있다. | |

놀 이 학 습  **숫자카드로 큰 수 찾기 놀이**

📖 활동자료: 숫자카드(트럼프 카드나 할리갈리 카드도 가능)

① 카드를 섞어서 반씩 나눠 가집니다.

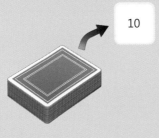
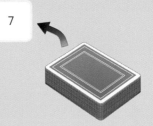

② 둘이 동시에 카드를 한 장씩 냅니다.
③ 더 큰 숫자가 나온 사람은 비교하는 말을 합니다.
   (예: '10'은 '7'보다 큽니다.)
④ 비교하는 말을 잘한 사람은 카드를 없앨 수 있습니다.
⑤ 차례를 바꾸어 반복합니다. 카드를 먼저 없애는 사람이 승리합니다.

| 친구가 낸 숫자 카드 | 내가 낸 도미노 카드 | 비교하는 말 |
|---|---|---|
| 〈예시〉 7 | 10 | '10'은 '7'보다 큽니다. |

# 04차시  수와 양 비교하기

📖 **학습목표** • '1~20의 수'의 수와 양을 섞어 비교할 수 있다.

## 도입

 교사와 함께하기

💬 활동목표: '1~20의 수'의 많고 적음을 비교할 수 있다.

● 둘 중 더 큰 수에 ○표해 보세요.

㉮

4

㉯

20

㉰

17

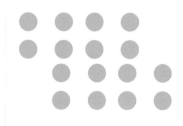

## 기초학습

교사와 함께하기

활동목표: '1~20의 수'를 나타내는 수량과 수를 보고 크기를 비교할 수 있다.

**1** 둘 중 더 큰 수에 ○표해 보세요.

㉮

10

㉯

17

**2** 둘 중 더 작은 수에 ○표해 보세요.

㉮

20

㉯

15

## 주요학습

활동목표: '1~20의 수'의 수와 양을 서로 비교할 수 있다.

**1** ☐ 중 알맞은 것을 골라 봅시다.

**교사 TIP**

기준보다 더 작은 수를 고를 수 있도록 도와주세요.

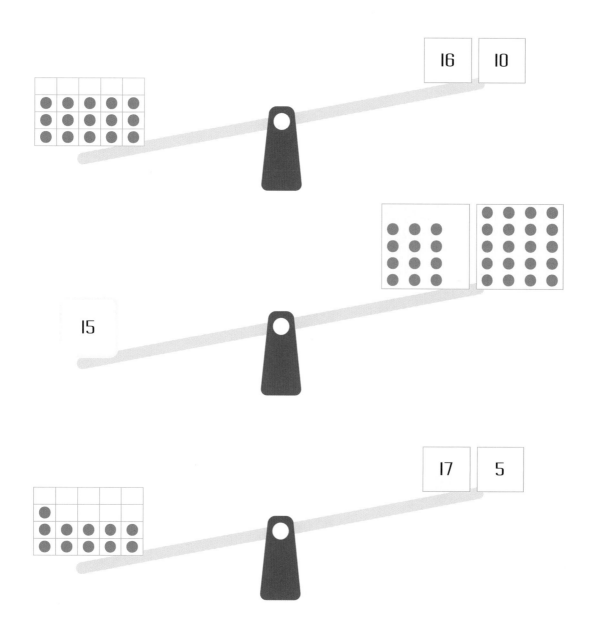

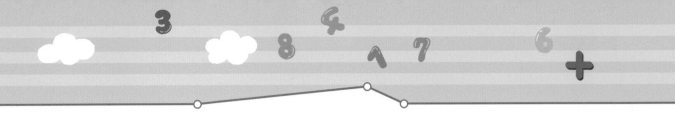

2 ☐ 중 알맞은 것을 골라 봅시다.

**교사 TIP**

기준보다 더 큰 수를 고를 수 있도록 도와주세요.

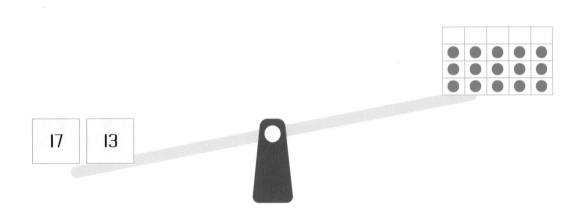

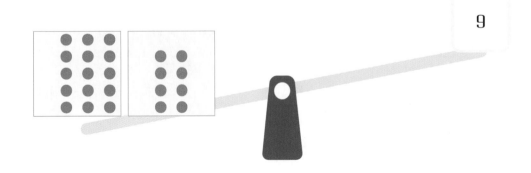

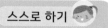

## 기초학습활동

스스로 하기

1. 둘 중 더 큰 수에 ○표 하세요.

①

16

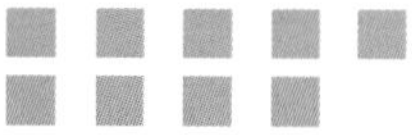

②

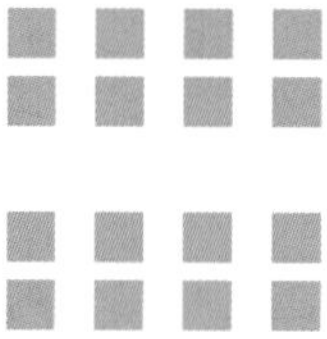

11

2. 둘 중 더 작은 수에 ○표 하세요.

①

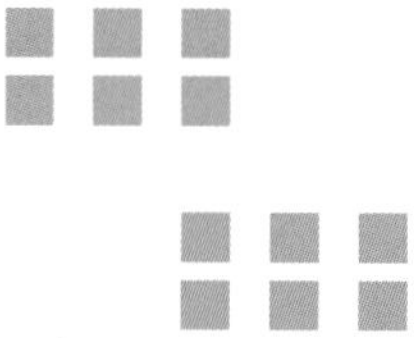

14

②

17

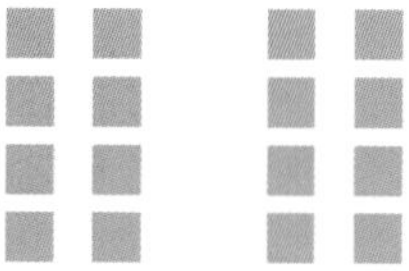

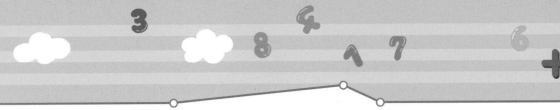

## 주요학습활동

1. ☐ 중 알맞은 것을 골라 봅시다.

**교사 TIP**

기준보다 더 작은 수를 고를 수 있도록 도와주세요.

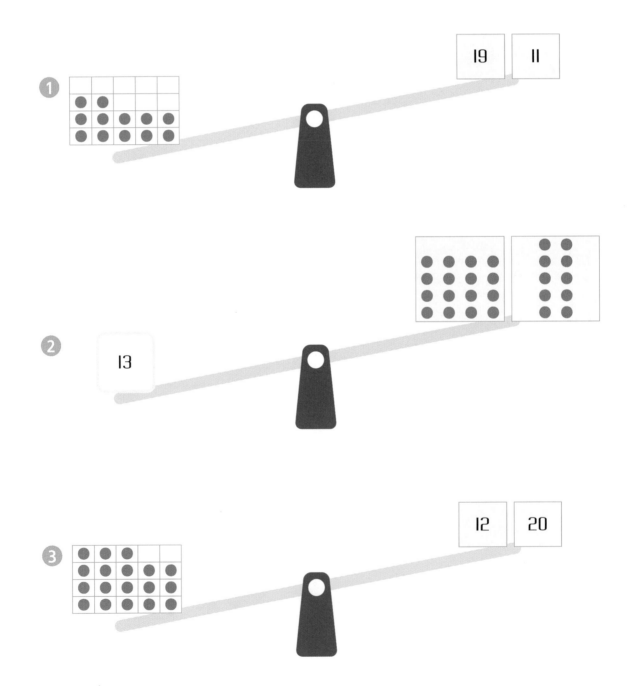

2. ☐ 중 알맞은 것을 골라 봅시다.

**교사 TIP**

기준보다 더 큰 수를 고를 수 있도록 도와주세요.

❶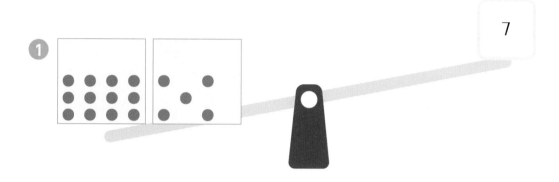

❷

❸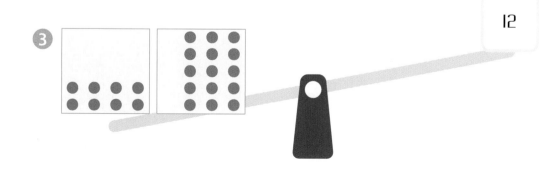

# 평가

이번 시간에 배운 내용입니다. 잘 읽고, 할 수 있으면 ○표 하세요.

| 평가 내용 | ○표 하는 곳 |
|---|---|
| 1. '1~20의 수'와 '1~20의 수'를 나타낸 점 크기를 섞어서 비교할 수 있다. | |
| 2. '1~20의 수'와 양이 기준 수보다 큰지 작은지 비교할 수 있다. | |

**놀이학습** 큰 수 빨리 찾기 놀이

📖 활동자료: 숫자카드, 10배경판카드(부록, 9점 도미노로 대체 가능)

① 10배경판카드를 섞어서 반씩 나눠 가집니다.
② 가운데 숫자카드를 올려놓고, 숫자카드 한 장을 뒤집습니다.

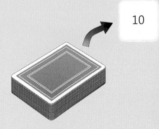

③ 뒤집은 숫자카드보다 더 '큰 수'가 적힌 10배경판카드를 먼저 낸 사람이 이깁니다.

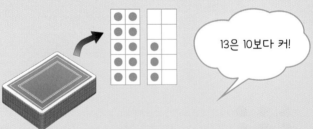

13은 10보다 커!

④ 뒤집는 순서를 번갈아 가며 게임을 해 봅시다.
⑤ 게임을 하면서 어떤 수가 나와서 어떤 카드를 냈는지 말해 봅시다.

# 4과. 다양한 수 세기

개념 및 원리

데칼코마니를 아시나요? 데칼코마니는 왼쪽과 오른쪽이 똑같게 나오는 무늬를 말해요. 숫자에도 데칼코마니 같은 것이 있습니다. 바로 '두 배 수'입니다.

2단계 4과에서는 두 배 수를 비롯하여 다양한 수 세기를 학습합니다. '두 배 수'는 1~10의 수를 2배로 한 수들을 말합니다. 예를 들어, 1의 '두 배 수'는 2, 2의 '두 배 수'는 4입니다. '두 배 수'에 익숙해지면, 20까지의 덧셈을 아주 쉽게 할 수 있습니다. 7+8과 같은 어려운 덧셈을 할 때도, 7의 두 배 수가 14라는 사실을 알면 14보다 1 큰 수인 15가 답인 것임을 쉽게 알 수 있는 것과 비슷합니다. 이렇게 학습자가 숫자가 꼭 1씩 커지는 것이 아니라 2배씩 커지기도 하고, 2 또는 5씩 뛰어 세기도 하고, 반대로 거꾸로 세어 보기도 하면서 숫자를 유연하게 바라보게 됨에 따라 다양한 수 사이의 관계를 자연스럽게 익혀 봄으로써, 추후 어려운 덧셈이나 곱셈으로도 자연스럽게 이어지게 돕는 것이 이번 학습의 목표입니다.

## 2. 전개 계획

| 차시 | 주제 | 학습목표 |
|---|---|---|
| 1 | 두 배 수 | 두 배 수 지식을 습득하여, 뛰어 세기의 선수 개념을 익힌다. |
| 2 | 뛰어 세기 | 1부터 50까지의 수를 보고 다양한 방법으로 수를 뛰어 셀 수 있다. |
| 3 | 거꾸로 뛰어 세기 | 1부터 50까지의 수를 보고 다양한 방법으로 거꾸로 뛰어 셀 수 있다. |

## 3. 지도 유의사항

- 숫자가 1씩 커지는 것이 아니라 다양하게 수를 바라볼 수 있도록 수대화(number talk)를 많이 해 주세요.
- 거꾸로 세기, 특히 거꾸로 뛰어 세기의 개념이 약한 아동은 구체물을 직접 하나씩 덜어 내며 연습할 수 있도록 도와주세요.

## 4. 중재 지도안 예시

| 단원(제재) | 거꾸로 뛰어 세기 | | 대상학년 | | 1~2학년 |
|---|---|---|---|---|---|
| 본시주제 | 9보다 1큰 수를 읽고 쓰기 | | | | |
| 차시 | 3/3 | | 활용전략 | | 직접 교수 |
| 교수-학습목표 | 50까지의 수를 다양한 방법으로 거꾸로 뛰어 셀 수 있다. | | | | |
| 단계 | 학습요소 | 교수-학습 활동 | | 시간 | 자료 및 유의점 |
| 도입 | 선수학습 상기 및 동기유발 | '1~20의 수'가 몇씩 줄어드는지 세어 보기<br>▷ 숫자가 어떻게 변해 가는지 규칙 찾기 | | 5 | |
| 제시 | 20부터 2까지 거꾸로 숫자 세기 | 거꾸로 세기의 개념 익히기<br>▷ 숫자판을 보고 2씩, 5씩 거꾸로 뛰어 세기 | | 10 | 50숫자판 |
| 안내된 연습 | 50부터 5까지 거꾸로 숫자 세기 | 거꾸로 세기의 개념 연습하기<br>▷ 숫자판을 보고 2씩, 5씩 거꾸로 뛰어 세기 | | | |
| 독자적 연습<br><br>정리 및 평가 | 수량과 수를 기준 수와 비교하기 | • 거꾸로 뛰어 세어 길 찾기(주요 학습활동)<br>• 뛰어 세기 애벌레 만들기(놀이 학습) | | 10<br><br>15 | 거꾸로 뛰어 세기가 어려운 아동은 교사와 번갈아 가며 숫자를 거꾸로 세는 것부터 연습하면 좋습니다. |

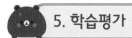
| 차시 | 평가 내용 | 평가 방법 |
|---|---|---|
| 1 | 1~10의 '두 배 수'가 무엇인지 말할 수 있다. | 1~10의 '두 배 수'가 무엇인지 말한다. |
| 2 | '1~50의 수'를 다양하게 뛰어 셀 수 있다. | 2부터 20까지 2씩 뛰어 셀 수 있다. |
| 3 | '1~50의 수'를 거꾸로 뛰어 셀 수 있다. | 20부터 2씩 거꾸로 뛰어 세기를 한다. |

# 01 차시　두 배 수

📖 **학습목표** • 두 배 수 지식을 습득하여, 뛰어 세기의 선수 개념을 익힌다.

## 도입

교사와 함께하기

💬 활동목표: 같은 수량을 나타내는 수량을 찾을 수 있다.

● 같은 수를 나타내는 것끼리 선을 이어 봅시다.

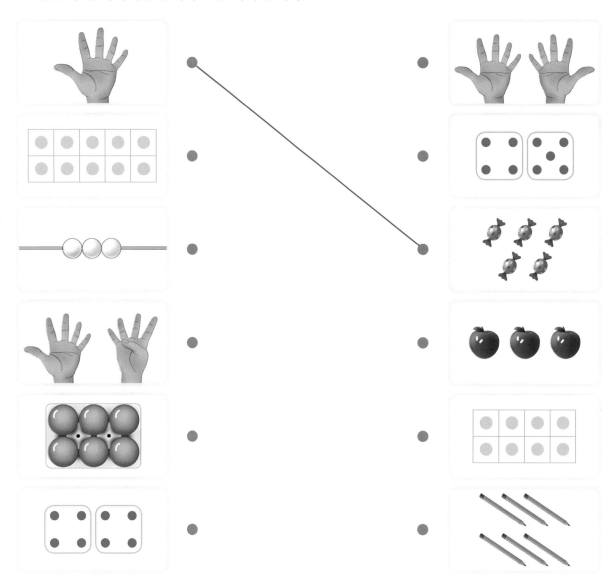

## 기초학습

교사와 함께하기

활동목표: 1~5의 '두 배 수' 지식을 이해한다.

1 어떤 수가 두 배가 되면 어떻게 될까요? 점을 그려 봅시다.

2 두 배가 된 수를 써 보세요.

**교사 TIP**

이 밖에도 두 배 수를 손가락, 주변 물건 등으로 다양하게 표현해 보세요.

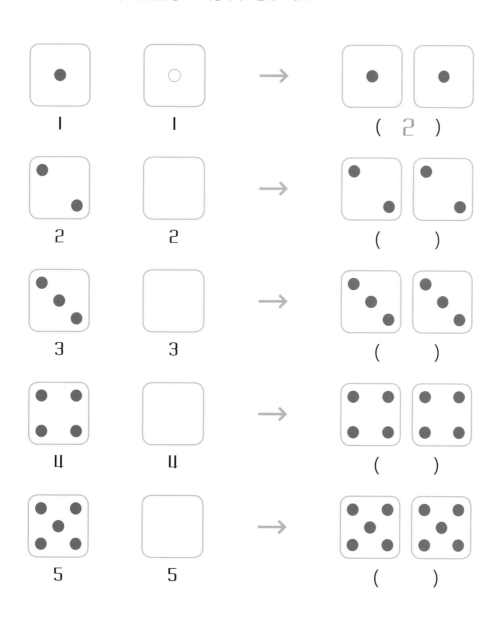

💬 활동목표: 6~10의 '두 배 수' 지식을 이해한다.

① 같은 수가 두 배가 되면 어떻게 될까요? 점을 색칠해 봅시다.

② 두 배가 된 수를 써 보세요.

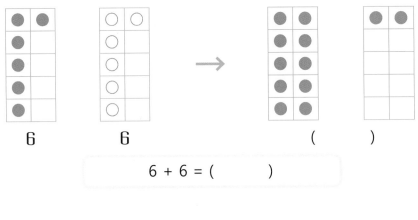

6     6         (     )

6 + 6 = (     )

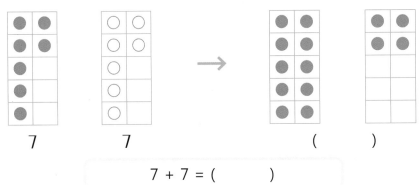

7     7         (     )

7 + 7 = (     )

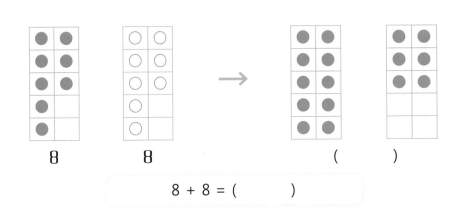

8     8         (     )

8 + 8 = (     )

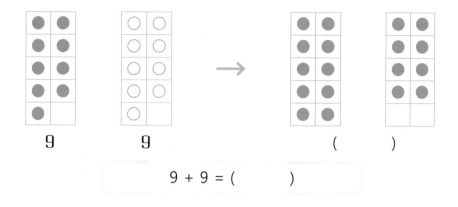

9          9                    (          )

$$9 + 9 = (\qquad)$$

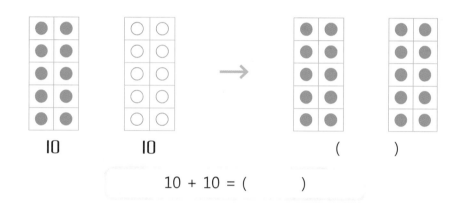

10         10                   (          )

$$10 + 10 = (\qquad)$$

약속하기

◆ 1+1=2, 2+2=4, 3+3=6 …, 이렇게 같은 수를 두 번씩 더한 수를 '두 배 수'라고 부릅니다. '두 배 수'를 잘 알면 덧셈도 잘할 수 있어요.

| | |
|---|---|
| 1 + 1 = 2 | 6 + 6 = 12 |
| 2 + 2 = 4 | 7 + 7 = 14 |
| 3 + 3 = 6 | 8 + 8 = 16 |
| 4 + 4 = 8 | 9 + 9 = 18 |
| 5 + 5 = 10 | 10 + 10 = 20 |

## 개념학습활동

■ 나비의 왼쪽 날개의 점 수만큼 오른쪽 날개에 점을 그려 보세요.

■ 다음 두 수가 모이면 '두 배수'는 무엇인지 써 보세요.

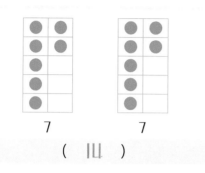

7 　　　 7

( 　14　 )

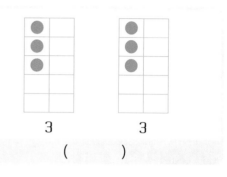

3 　　　 3

( 　　　 )

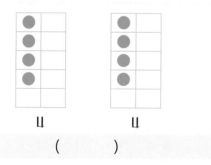

4 　　　 4

( 　　　 )

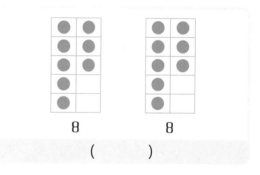

8 　　　 8

( 　　　 )

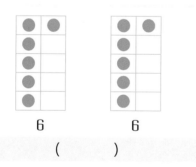

6 　　　 6

( 　　　 )

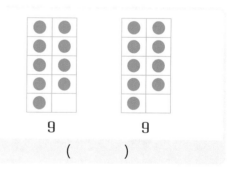

9 　　　 9

( 　　　 )

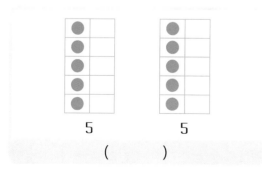

5 　　　 5

( 　　　 )

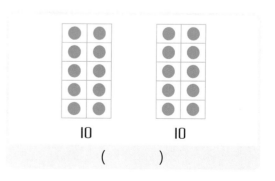

10 　　　 10

( 　　　 )

# 평가

이번 시간에 배운 내용입니다. 잘 읽고, 할 수 있으면 ○표 하세요.

| 평가 내용 | ○표 하는 곳 |
|---|---|
| 1. '1~5의 두 배 수'가 무엇인지 말할 수 있다. | |
| 2. '6~10의 두 배 수'가 무엇인지 말할 수 있다. | |

### 놀 이 학 습  할리갈리

활동목표: '할리갈리' 놀이를 통해 두 배 수 지식을 익힌다.

활동자료: 할리갈리, 10배경판카드(부록)

① 번갈아 가면서 할리갈리 카드를 1장씩 냅니다.
② '같은 수'의 과일이 나타나 두 배 수가 되었을 때 몇이 되는지, 종을 먼저 친 사람이 크게 외치세요.

③ 맞게 외쳤으면 같은 카드 2장을 가져갈 수 있습니다. 카드를 많이 가진 사람이 이깁니다.
④ 익숙해지면, 10배경판카드를 가지고 '6~10'의 두 배 수 게임을 해 봅시다.

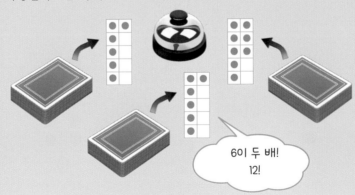

# 02차시 뛰어 세기

 **학습목표** • 1부터 50까지의 수를 다양한 방법으로 뛰어 셀 수 있다.

## 도입

교사와 함께하기

활동목표: '1~20의 수'를 몇씩 뛰어 셀 수 있다.

● 숫자가 어떻게 변해 가는지 말해 봅시다.

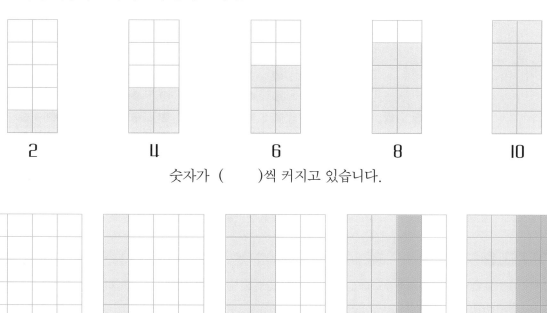

| 2 | 4 | 6 | 8 | 10 |

숫자가 (          )씩 커지고 있습니다.

| 0 | 5 | 10 | 15 | 20 |

숫자가 (          )씩 커지고 있습니다.

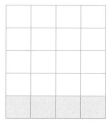  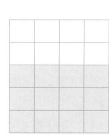 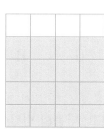 

| 4 | 8 | 12 | 16 | 20 |

숫자가 (          )씩 커지고 있습니다.

## 기초학습 교사와 함께하기

활동목표: '1~30의 수'를 몇씩 뛰어 셀 수 있다.

**1** 점이 늘어나고 있습니다. 숫자를 소리 내어 읽으면서 규칙을 찾아보세요.

교사 TIP 2를 셀 때는 2만 보이게 옆을 종이로 가리면서 읽게 하면 좋습니다.

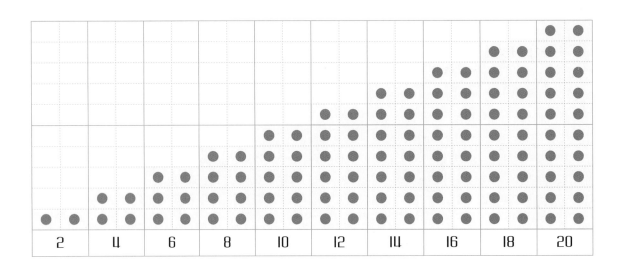

### 약속하기

◆ 숫자를 셀 때에는 꼭 1씩 세지 않고 다양하게 셀 수 있어요. 1, 2, 3, 4와 같이 1씩 세는 것이 아니라 이렇게 2씩 수를 셀 때 '2씩 뛰어 세기'라고 부릅니다.

**2** 숫자를 가리고 점만 보면서 2부터 20까지 2씩 뛰어 세어 보세요.

**3** 다음 숫자만 보고, 점을 머릿속으로 떠올리며 숫자를 읽어 보세요.

| 2 | 4 | 6 | 8 | 10 | 12 | 14 | 16 | 18 | 20 |
|---|---|---|---|----|----|----|----|----|----|

**4** 위 숫자판을 가리고, 다음의 빈칸에 들어갈 숫자를 맞춰 보세요.

| 2 | 4 | | 8 | 10 | 12 | | 16 | | 20 |
|---|---|---|---|----|----|---|----|---|----|

# 주요학습 1

활동목표: 2씩 뛰어 세는 수를 통해 '짝수/홀수'를 알 수 있다.

**1** 2부터 빨간 숫자를 큰 소리로 읽어 보세요. 어떤 규칙이 있는지 말해 봅시다.

| l | 2 | 3 | 4 | 5 | 6 | 7 | 8 | 9 | l0 |
|---|---|---|---|---|---|---|---|---|---|
| ll | l2 | l3 | l4 | l5 | l6 | l7 | l8 | l9 | 20 |
| 2l | 22 | 23 | 24 | 25 | 26 | 27 | 28 | 29 | 30 |
| 3l | 32 | 33 | 34 | 35 | 36 | 37 | 38 | 39 | 40 |
| 4l | 42 | 43 | 44 | 45 | 46 | 47 | 48 | 49 | 50 |

**약속하기**

◆ 2, 4, 6, 8, 10과 같은 수를 '짝수'라고 부릅니다.

**2** 1부터 파란 숫자를 큰 소리로 읽어 보세요. 어떤 규칙이 있나요?

**3** 파란 숫자를 점과 함께 나타냈어요. 다음을 보고 다시 한번 큰 소리로 1부터 숫자를 읽어 봅시다.

**교사 TIP** 꼭 2씩 뛰어 세기를 할 때, 2부터 시작하지 않을 수 있음을 지도해 주세요.

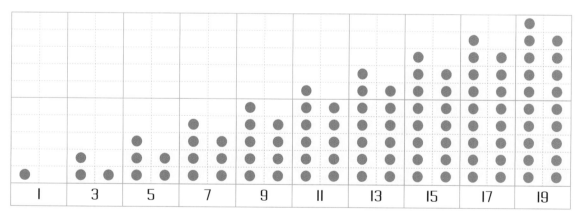

**약속하기**

◆ 1, 3, 5, 7, 9와 같이 짝이 없는 수를 '홀수'라고 부릅니다.

**4** 알맞은 답에 ○표 하세요.

㉮ 20은 (홀수 / 짝수) 이다.                ㉯ 47은 (홀수 / 짝수) 이다.

# 주요학습 2

💬 활동목표: '1~50의 수'를 몇씩 뛰어 셀 수 있다.

① 5부터 빨간 숫자를 큰 소리로 읽어 보세요. 어떤 규칙이 있는지 말해 봅시다.

| 1 | 2 | 3 | 4 | 5 | 6 | 7 | 8 | 9 | 10 |
|---|---|---|---|---|---|---|---|---|---|
| 11 | 12 | 13 | 14 | 15 | 16 | 17 | 18 | 19 | 20 |
| 21 | 22 | 23 | 24 | 25 | 26 | 27 | 28 | 29 | 30 |
| 31 | 32 | 33 | 34 | 35 | 36 | 37 | 38 | 39 | 40 |
| 41 | 42 | 43 | 44 | 45 | 46 | 47 | 48 | 49 | 50 |

일의 자리(낱개)가 (　　　) 또는 (　　　)입니다.

(　　　)씩 뛰어 세고 있습니다.

② 점을 보면서 숫자를 소리 내어 읽어 보세요. 익숙해지면 보지 않고 머릿속으로 뛰어 세어 보세요.

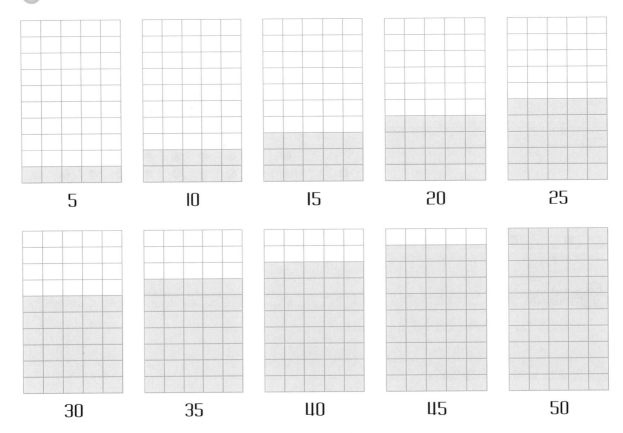

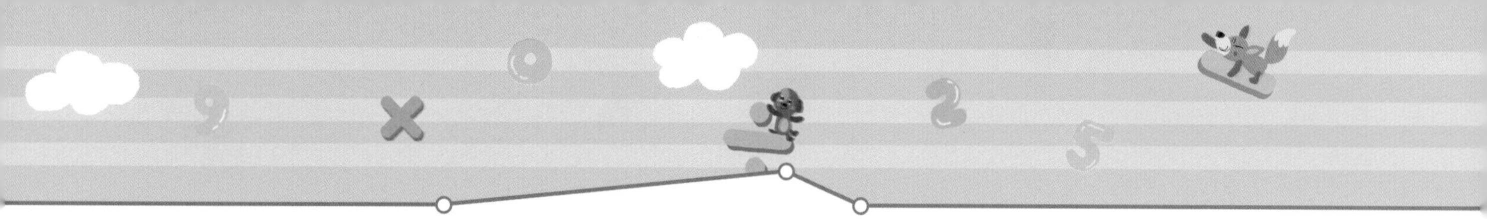

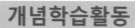

## 개념학습활동

스스로 하기

1. 점이 늘어나고 있습니다. 숫자를 소리 내어 읽으면서 규칙을 찾아보세요.

① 숫자가 (　　)씩 커지고 있습니다.

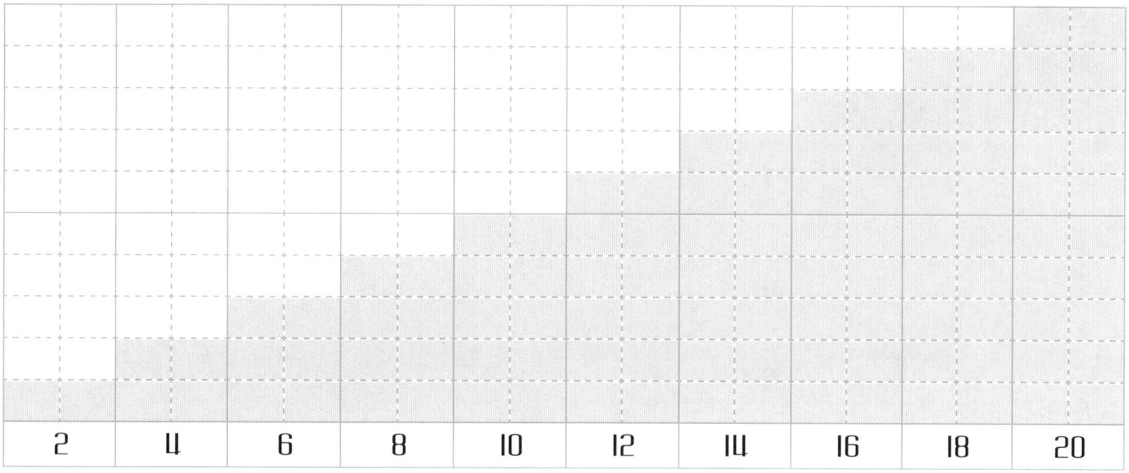

2
4
6
8
10
12
14
16
18
20


② 숫자가 (　　)씩 커지고 있습니다.

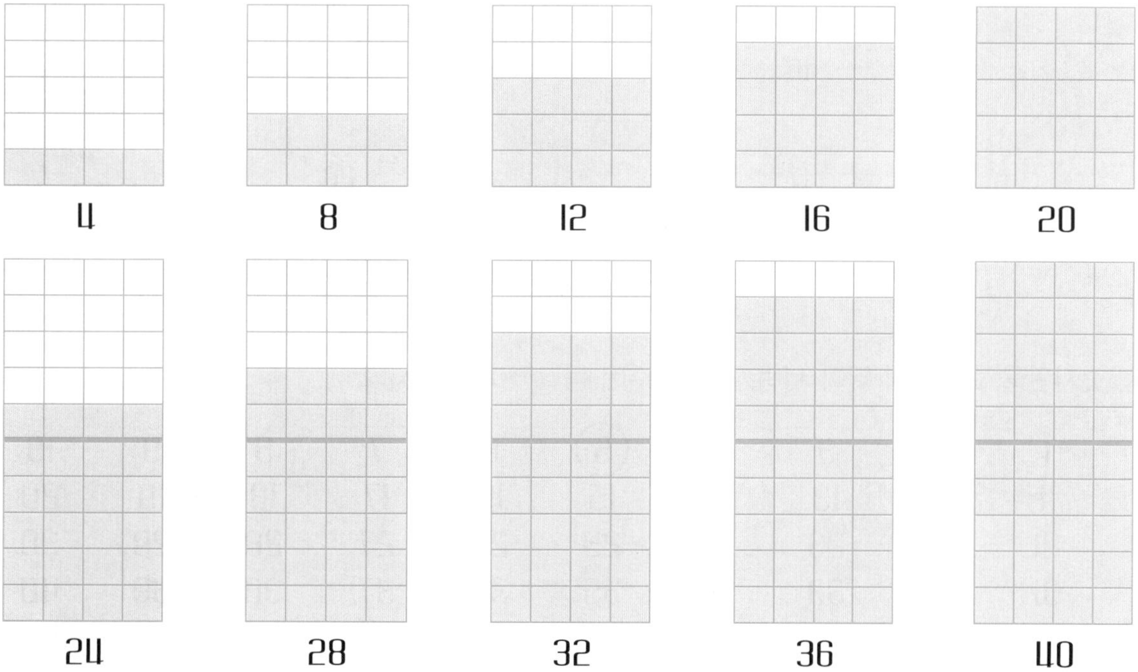

4
8
12
16
20
24
28
32
36
40

**1.** 2부터 20까지 2씩 뛰어 세어 길을 가 보세요.

| 출발 → | 0 | | 2 | | | 4 | |
|---|---|---|---|---|---|---|---|
| | | | 1 | | | 3 | |

| | | 7 | | | 6 | |
|---|---|---|---|---|---|---|
| | | 8 | | | 5 | |

| | | 9 | | | 12 | |
|---|---|---|---|---|---|---|
| | | 10 | | | 11 | |

| | | 16 | | | 14 | |
|---|---|---|---|---|---|---|
| | | 15 | | | 13 | |

| | | 18 | | | 19 | | 도착 → |
|---|---|---|---|---|---|---|---|
| | | 17 | | | 20 | | |

**2.** 숫자판을 보고 5씩 뛰어 세며 알맞은 수에 동그라미해 봅시다.

| 1 | 2 | 3 | 4 | ⑤ | 6 | 7 | 8 | 9 | 10 |
|---|---|---|---|---|---|---|---|---|---|
| 11 | 12 | 13 | 14 | 15 | 16 | 17 | 18 | 19 | 20 |
| 21 | 22 | 23 | 24 | 25 | 26 | 27 | 28 | 29 | 30 |
| 31 | 32 | 33 | 34 | 35 | 36 | 37 | 38 | 39 | 40 |
| 41 | 42 | 43 | 44 | 45 | 46 | 47 | 48 | 49 | 50 |

# 평가

이번 시간에 배운 내용입니다. 잘 읽고, 할 수 있으면 ○표 하세요.

| 평가 내용 | ○표 하는 곳 |
|---|---|
| 1. '1~20의 수'를 2씩 뛰어 셀 수 있다. | |
| 2. '1~50의 수'를 5씩 뛰어 셀 수 있다. | |

## 놀이학습 미로 속에서 뛰어 세기

활동목표: 뛰어 세기를 하여 숫자 미로를 탈출할 수 있다.

활동자료: 말(지우개, 공깃돌 등)

① 말을 한 칸씩 움직일 수 있고, 방향은 → ↑ ↓만 가능합니다. 2부터 시작하여 2씩 뛰어 세기를 해 보세요.
② 20에 도착하면 또 다른 미로가 시작됩니다. 이번엔 5부터 5씩 뛰어 세기를 해 보세요.
③ 50까지 무사히 도착하면 미로를 탈출할 수 있습니다.

| 2 | 4 | 6 | 💣 | 8 | 10 | 15 | 35 | 45 | 25 |
|---|---|---|---|---|---|---|---|---|---|
| 3 | 6 | 9 | 11 | 15 | 20 | 40 | 45 | 50 | 💣 |
| 5 | 8 | 10 | 12 | 14 | 50 | 30 | 💣 | 30 | 35 |
| 4 | 9 | 12 | 17 | 16 | 20 | 25 | 50 | 35 | 25 |
| 6 | 5 | 15 | 16 | 18 | 25 | 20 | 25 | 30 | 45 |
| 9 | 💣 | 16 | 14 | 20 | ↘ | 15 | 30 | 35 | 50 |
| 8 | 7 | 18 | 20 | ↳ | 5 | 10 | 20 | 40 | 45 |
| 10 | 16 | 14 | 10 | 15 | 10 | 💣 | 15 | 20 | 50 |

# 03 차시

## 거꾸로 뛰어 세기

📖 **학습목표** • 1부터 50까지의 수를 다양한 방법으로 거꾸로 뛰어 셀 수 있다.

## 도입

교사와 함께하기

💬 활동목표: '1~20의 수'가 몇씩 줄어드는지 셀 수 있다.

● 숫자가 어떻게 변해 가는지 말해 봅시다.

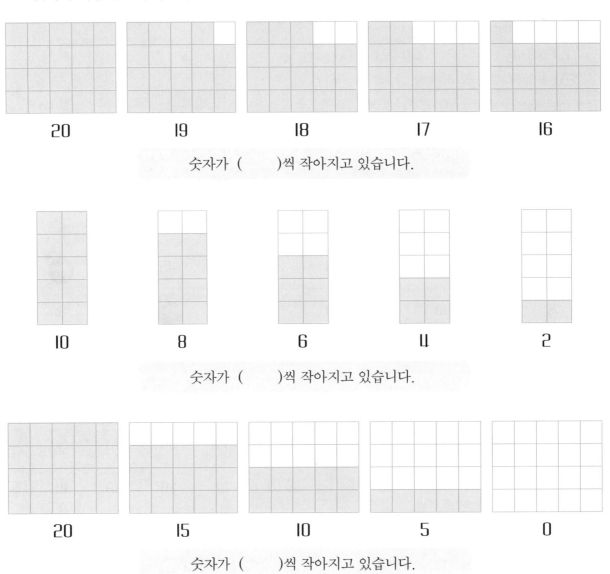

20       19       18       17       16

숫자가 (     )씩 작아지고 있습니다.

10       8       6       Ⴑ       2

숫자가 (     )씩 작아지고 있습니다.

20       15       10       5       0

숫자가 (     )씩 작아지고 있습니다.

# 기초학습

교사와 함께하기

활동목표: 50부터 1까지 숫자를 거꾸로 셀 수 있다.

**1** 50부터 숫자가 1씩 줄어들고 있습니다. 숫자를 읽어 봅시다.

| | | | | | | | | | |
|---|---|---|---|---|---|---|---|---|---|
| 50 | 49 | 48 | 47 | 46 | 45 | 44 | 43 | 42 | 41 |
| 40 | 39 | 38 | 37 | 36 | 35 | 34 | 33 | 32 | 31 |
| 30 | 29 | 28 | 27 | 26 | 25 | 24 | 23 | 22 | 21 |
| 20 | 19 | 18 | 17 | 16 | 15 | 14 | 13 | 12 | 11 |
| 10 | 9 | 8 | 7 | 6 | 5 | 4 | 3 | 2 | 1 |

**2** 위의 숫자판을 보고 숫자를 번갈아 가면서 읽어 봅시다.

**3** 50부터 1씩 숫자가 줄어들고 있습니다. 위의 숫자판을 가린 후 아래 숫자판의 빈칸에 알맞은 숫자를 써넣어 봅시다.

| | | | | | | | | | |
|---|---|---|---|---|---|---|---|---|---|
| 50 | 49 | 48 | | 46 | | 44 | 43 | 42 | |
| 40 | 39 | | 37 | 36 | 35 | 34 | 33 | 32 | 31 |
| | 29 | 28 | 27 | 26 | | 24 | 23 | | 21 |
| | 19 | 18 | 17 | 16 | 15 | | 13 | 12 | 11 |
| 10 | 9 | 8 | | 6 | 5 | 4 | 3 | 2 | |

**4** 완성되었으면 ①의 숫자판과 비교해 보고, 큰 소리로 읽어 봅시다.

## 주요학습 1

교사와 함께하기

활동목표: '1~20의 수'를 2씩 거꾸로 뛰어 셀 수 있다.

**1** 점이 줄어들고 있습니다. 숫자를 소리 내어 읽으면서 규칙을 찾아보세요.

**교사 TIP**

2씩 거꾸로 뛰어 세기가 어려운 아동은 1씩 거꾸로 세기(기초학습)를 더 연습하면 좋습니다.

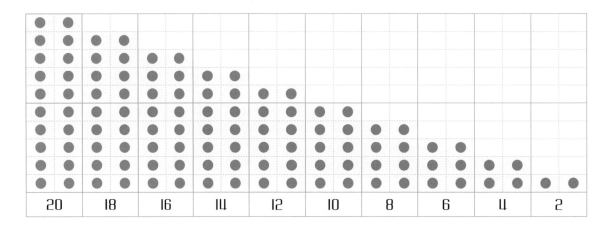

| 20 | 18 | 16 | 14 | 12 | 10 | 8 | 6 | 4 | 2 |

**약속하기**

◆ 숫자를 셀 때에는 꼭 1씩 세지 않고 다양하게 셀 수 있어요. 20, 19, 18, ……로 1씩 작아지는 것이 아니라 이렇게 2씩 작아지며 셀 때 '2씩 거꾸로 뛰어 세기'라고 부릅니다.

**2** 숫자를 가리고 점만 보면서 20부터 2까지 2씩 거꾸로 뛰어 세어 보세요.

**3** 숫자만 보고, 점을 머릿속으로 떠올리며 숫자를 읽어 보세요.

| 20 | 18 | 16 | 14 | 12 | 10 | 8 | 6 | 4 | 2 |
|----|----|----|----|----|----|---|---|---|---|

**4** 위의 숫자판을 가리고, 다음 빈칸에 알맞은 숫자를 적어 보세요.

| 20 |  | 16 | 14 | 12 |  | 8 | 6 |  | 2 |
|----|--|----|----|----|--|---|---|--|---|

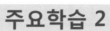

# 주요학습 2

교사와 함께하기

활동목표: '1~50의 수'를 몇씩 거꾸로 뛰어 셀 수 있다.

**1** 점을 보면서 숫자를 소리 내어 읽어 보세요.

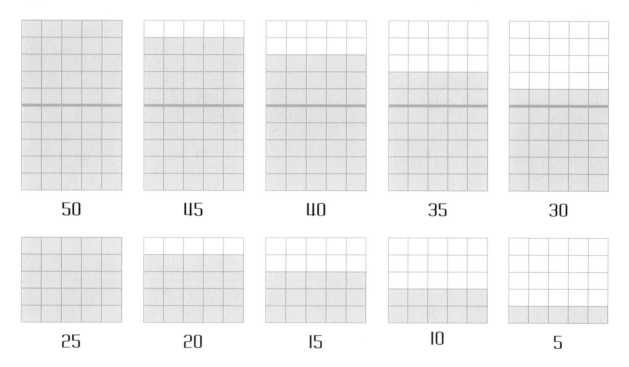

| 50 | 45 | 40 | 35 | 30 |

| 25 | 20 | 15 | 10 | 5 |

**2** 5부터 빨간 숫자를 큰 소리로 읽어 보세요. 어떤 규칙이 있는지 말해 봅시다.

교사 TIP 수 세기가 느리거나 거꾸로 5씩 뛰어 세기를 이해하지 못한다면 거꾸로 1씩 세기부터 연습할 수 있도록 도와주세요.

| 50 | 49 | 48 | 47 | 46 | 45 | 44 | 43 | 42 | 41 |
|----|----|----|----|----|----|----|----|----|----|
| 40 | 39 | 38 | 37 | 36 | 35 | 34 | 33 | 32 | 31 |
| 30 | 29 | 28 | 27 | 26 | 25 | 24 | 23 | 22 | 21 |
| 20 | 19 | 18 | 17 | 16 | 15 | 14 | 13 | 12 | 11 |
| 10 | 9 | 8 | 7 | 6 | 5 | 4 | 3 | 2 | 1 |

일의 자리(낱개)가 (　　　) 또는 (　　　)입니다.

(　　　)씩 거꾸로 뛰어 세고 있습니다.

## 주요학습활동

스스로 하기

**1.** 20부터 2씩 거꾸로 뛰어 세어 길을 찾아가 보세요.

|  |  |
|---|---|
| 19 | 16 |
| 출발 ➡ 20 [　　　] | [　　　] |
| 18 | 17 |

| 12 | 15 |
|---|---|
| [　　　] | [　　　] |
| 13 | 14 |

| 11 | 8 |
|---|---|
| [　　　] | [　　　] |
| 10 | 9 |

| 4 | 7 |
|---|---|
| [　　　] | [　　　] |
| 5 | 6 |

| 3 | 0 |
|---|---|
| [　　　] | [　　　] ➡ 도착 |
| 2 | 1 |

**2** 숫자판을 보고 5씩 거꾸로 뛰어 세며 알맞은 수에 동그라미해 봅시다.

| | | | | | | | | | |
|---|---|---|---|---|---|---|---|---|---|
| (50) | 49 | 48 | 47 | 46 | (45) | 44 | 43 | 42 | 41 |
| 40 | 39 | 38 | 37 | 36 | 35 | 34 | 33 | 32 | 31 |
| 30 | 29 | 28 | 27 | 26 | 25 | 24 | 23 | 22 | 21 |
| 20 | 19 | 18 | 17 | 16 | 15 | 14 | 13 | 12 | 11 |
| 10 | 9 | 8 | 7 | 6 | 5 | 4 | 3 | 2 | 1 |

# 평가

이번 시간에 배운 내용입니다. 잘 읽고, 할 수 있으면 ○표 하세요.

| 평가 내용 | ○표 하는 곳 |
|---|---|
| 1. '1~20의 수'를 보고 2씩 거꾸로 뛰어 셀 수 있다. | |
| 2. '1~50의 수'를 보고 5씩 거꾸로 뛰어 셀 수 있다. | |

놀이학습 뛰어 세기 애벌레 만들기

활동자료: 애벌레 그림(부록)

① 2, 3, 4, 5 뛰어 세기 애벌레 중 마음에 드는 것을 골라 만들어 봅시다.
② 거꾸로 애벌레도 함께 만들어 보세요.

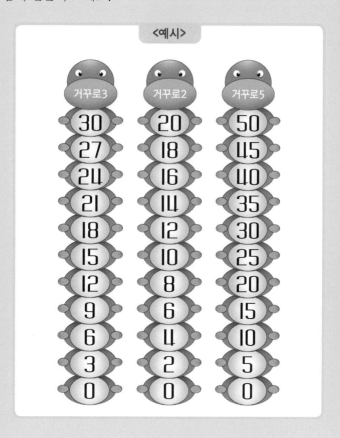

정답지

# 1 단계

## 1과

### 1차시  p. 20

◈ 개념학습활동

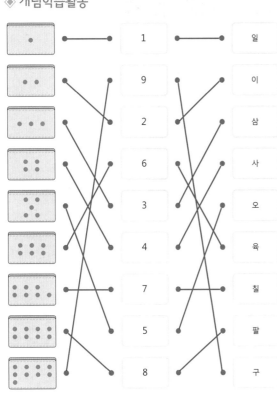

◈ 주요학습활동

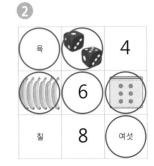

### 2차시  p. 27

◈ 주요학습

| ① | 2 | 3 | 4 |
|---|---|---|---|
| ② | 4 | 5 | 6 |
| ③ | 오 | 육 | 칠 |
| ④ | 칠 | 팔 | 구 |

◈ 개념학습활동

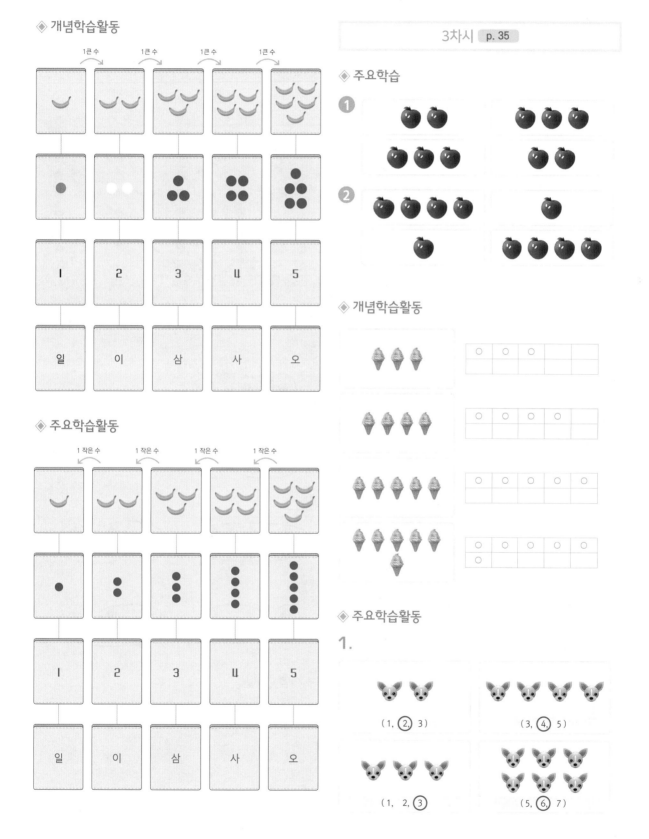

◈ 주요학습

① 

② 

◈ 개념학습활동

◈ 주요학습활동

◈ 주요학습활동

1.

(1, ②, 3)          (3, ④, 5)

(1,  2, ③)          (5, ⑥, 7)

## 2.

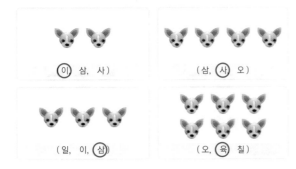

( 이 삼, 사 )        ( 삼, 사 오 )

( 일, 이, 삼 )        ( 오, 육 칠 )

## 3.

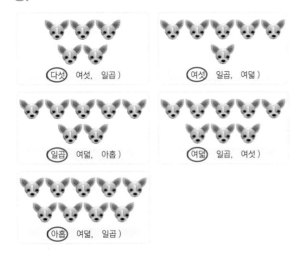

( 다섯 여섯, 일곱 )        ( 여섯 일곱, 여덟 )

( 일곱 여덟, 아홉 )        ( 여덟 일곱, 여섯 )

( 아홉 여덟, 일곱 )

## 4.

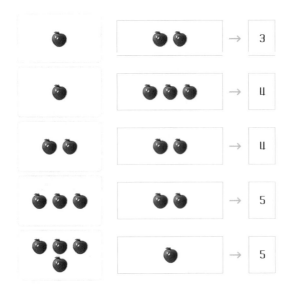

| | | → 3 |
| | | → ㄴ |
| | | → ㄴ |
| | | → 5 |
| | | → 5 |

4차시  p. 43

◈ 도입

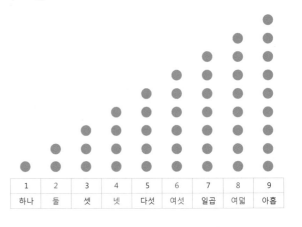

| 1 | 2 | 3 | 4 | 5 | 6 | 7 | 8 | 9 |
|---|---|---|---|---|---|---|---|---|
| 하나 | 둘 | 셋 | 넷 | 다섯 | 여섯 | 일곱 | 여덟 | 아홉 |

◈ 기초학습

**2**

**3**

**4**

**5**
    ...

◈ 개념학습활동

## 1.

| 4 | 사 | 넷 |
|---|---|---|

● ● ● ● ● ●

| 6 | 육 | 여섯 |

● ● ● ●
● ● ● ●

| 8 | 팔 | 여덟 |

**2.**

☆ ☆ ☆      ☆ ☆ ☆ ☆

( 1, 2 ③ )      ( 3 ④ 5 )

☆ ☆ ☆ ☆ ☆      ☆ ☆ ☆ ☆ ☆
                            ☆ ☆

( 3, 4 ⑤ )      ( 5, 6 ⑦ )

**3.**

☆ ☆ ☆ ☆ ☆      ☆ ☆ ☆ ☆ ☆
       ☆                       ☆ ☆

( 오 ⑥ 칠 )      ( 육 ⑦ 팔 )

☆ ☆ ☆ ☆ ☆      ☆ ☆ ☆ ☆ ☆
☆ ☆ ☆              ☆ ☆ ☆ ☆

( 칠 ⑧ 구 )      ( 육, 오 ⑨ )

**4.**

● ● ● ● ●    | ○ | → | 6 |

● ● ● ● ●    | ○ ○ | → | 7 |

● ● ● ● ●    | ○ ○ ○ | → | 8 |

● ● ● ● ●    | ○ ○ ○ ○ | → | 9 |

## 2과

1차시   p. 53

◈ 도입

1 지혜
2 슬기
3 지혜
4 민수
5 슬기

◈ 기초학습

둘째, 셋째, 넷째, 다섯째

◈ 주요학습

1 둘, 셋, 넷, 다섯

2

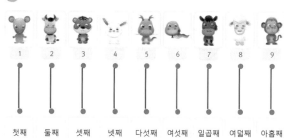

첫째   둘째   셋째   넷째   다섯째   여섯째   일곱째   여덟째   아홉째

3

① ▲
② ■
③ ●
④ ★

4

| 첫째 | 둘째 | 셋째 | 넷째 | 다섯째 |
|---|---|---|---|---|
| 1 | 2 | 3 | 4 | 5 |

| 여섯째 | 일곱째 | 여덟째 | 아홉째 |
|---|---|---|---|
| 6 | 7 | 8 | 9 |

◈ 심화학습

2, 5, 6, 8

◈ 개념학습활동

1 노랑이
2 주황이
3 빨강이

◈ 주요학습활동

1.
①
②
③
④

2. ① 4
② 5, 6
③ 7, 8
④ 3, 4, 5

**2차시  p. 61**

◈ 주요학습

4, 3, 2, 1

◈ 심화학습

8, 6, 4, 2

◈ 개념학습활동

1. ① 빨강이
   ② 주황이
   ③ 노랑이

2. ① 3, 2   ② 5, 4
   ③ 6, 4   ④ 7, 6
   ⑤ 8, 6

**3차시  p. 67**

◈ 기초학습

①

② 1씩 커졌습니다.
③ 3, 5, 7
④ 5
⑤ 1

◈ 주요학습

② 작은 수
③ 큰 수
④ 2
   3
   4
   5
   1

**266** 정답지

6
7

◈ 심화학습

**2**

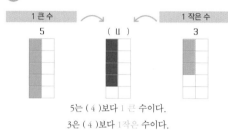

5는 ( 4 )보다 1 큰 수이다.
3은 ( 4 )보다 1작은 수이다.

**3** 2
5
8

◈ 개념학습활동

1. **1** 2　　**2** 4　　**3** 6　　**4** 8
**5** 8　　**6** 6　　**7** 4　　**8** 1

2. 2, 5, 8

3.
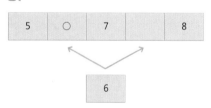

4.

| 1-2-3-4 | 3-4-2-5 | 2-5-6-9 | 5-6-7-8 |
|---------|---------|---------|---------|
| 1-3-2-4 | 2-3-4-5 | 3-7-4-6 | 7-8-5-6 |
| 6-8-7-9 | 1-9-2-8 | 3-4-5-6 | 6-7-4-5 |
| 6-7-8-9 | 6-9-2-5 | 4-5-3-6 | 4-5-6-7 |

(circled: 1-2-3-4, 5-6-7-8, 2-3-4-5, 3-4-5-6, 6-7-8-9, 4-5-6-7)

◈ 주요학습활동

1. 3
7
4

2.
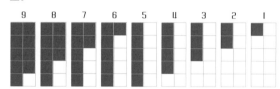

3.
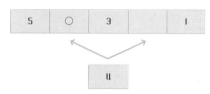

4.
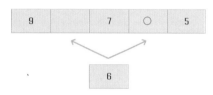

5. ②

# 3과

1차시　 p. 80

◈ 기초학습

**1** 2, 3, 4, 5
6, 7, 8, 9
**2** 1

◈ 주요학습

1. 2, 3, 4, 5

2. 1
3. 6
4. 5

◈ 심화학습

①

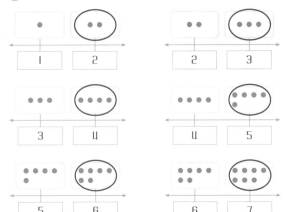

◈ 기초학습활동

1. 2, 1, 4
2. 4
3. 3, 6, 4
4. 6

◈ 주요학습활동

1. 2, 4
2. 4, 6
   1, 3

◈ 심화학습활동

1. 1, 2      3, 4
   2, 3      4, 5
   5, 6      6, 7
   7, 8      8, 9

2차시 p. 87

◈ 기초학습

①

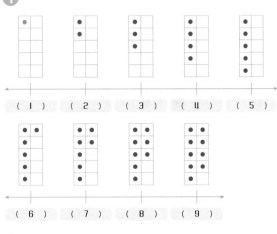

( 1 ) ( 2 ) ( 3 ) ( 4 ) ( 5 )

( 6 ) ( 7 ) ( 8 ) ( 9 )

② 1

◈ 주요학습

① 2, 1, 4(○)
② 3, 6(○), 4
③ 2(○), 1, 4
④ 3, 6, 4(○)

◈ 심화학습

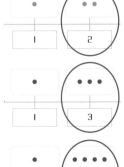
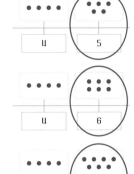
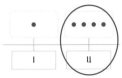

③ 1) 1    2) 2    3) 3

◈ 기초학습활동

**1.** (가)

**2.** (나)

◈ 주요학습활동

**1.** 3(○), 1, 4

**2.** 7(○), 5, 8

**3.** 3, 1(○), 4

**4.** 4, 5(○), 3

◈ 심화학습활동

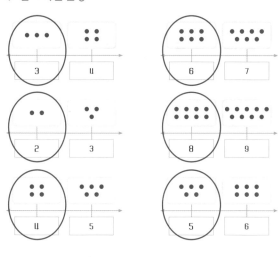

3차시 p. 96

◈ 도입

❶ 3) 하나, 둘, 셋, 넷, 다섯

4) 일, 이, 삼, 사, 오

❷ 3) 6의 물고기 수가 5의 물고기 수보다 1개 더 많다.

◈ 주요학습

❷

| 1 작은 수 | | 1 큰 수 |
|---|---|---|
| 1 | 🍭🍭 | 삼 |
| 4 | 🍭🍭🍭🍭 | 육 |
| 5 | 🍭🍭🍭🍭🍭🍭 | 칠 |

◈ 기초학습활동

**1.** ㉰          **2.** ㉯

◈ 주요학습활동

| 1 작은 수 | | 1 큰 수 |
|---|---|---|
| 🍭 | 2 | 삼 |
| 삼 | 4 | 🍭🍭🍭🍭🍭 |
| 2 | 🍭🍭🍭 | 사 |
| 🍭🍭🍭🍭🍭🍭 | 칠 | 8 |
| 이 | 3 | 🍭🍭🍭🍭 |
| 5 | 🍭🍭🍭🍭🍭🍭 | 칠 |
| 🍭🍭🍭🍭🍭🍭🍭 | 팔 | 9 |

## 4과

**1차시** p. 109

◈ 기초학습

① 6

② 1

③ 2, 2 / 1, 3

◈ 주요학습

① 9

② 〈예시〉

![막대 그래프 이미지]

③ 〈예시〉 3, 6

④

![막대 그래프 이미지]

⑤ 〈예시〉 3, 3, 3

◈ 심화학습

〈예시〉

③

| | | |
|---|---|---|
| 🍎 | 🍎🍎🍎🍎🍎🍎🍎 | 8 |
| 🍎🍎 | 🍎🍎🍎🍎🍎🍎 | 8 |
| 🍎🍎🍎 | 🍎🍎🍎🍎🍎 | 8 |
| 🍎🍎🍎🍎 | 🍎🍎🍎🍎 | 8 |

④

| | | | |
|---|---|---|---|
| 🍎 | 🍎🍎 | 🍎🍎🍎🍎🍎 | 8 |
| 🍎🍎 | 🍎🍎🍎 | 🍎🍎🍎 | 8 |
| 🍎🍎🍎🍎 | 🍎 | 🍎🍎🍎 | 8 |
| 🍎🍎🍎🍎🍎🍎 | 🍎 | 🍎 | 8 |

◈ 주요학습활동

1.

① ( Ⅰ ) ( Ⅱ ) → 5

② ( 2 ) ( 3 ) → 5

③ ( 3 ) ( 2 ) → 5

2.

① ( 2 ) ( Ⅱ ) → 6

**②**

( 3 )　　( 3 ) → 6

**③**

( ㄐ )　　( 2 ) → 6

**3.**

**❶** ( 2 )　　( 5 ) → 7

**❷** ( 3 )　　( ㄐ ) → 7

**❸** ( ㄐ )　　( 3 ) → 7

**4.**

**❶** ( 2 )　　( 6 ) → 8

**❷** ( 3 )　　( 5 ) → 8

**❸** ( ㄐ )　　( ㄐ ) → 8

## 2차시 p. 118

◈ 도입

4, 1

◈ 기초학습

4는 2와 ( 2 )로 모을 수 있습니다.

◈ 주요학습

**❶** ( 4 )는 3과 ( 1 )로 모을 수 있습니다.

**❷** ( 6 )은 3과 ( 3 )으로 모을 수 있습니다.

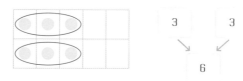

◈ 심화학습

**❷**

| ● | ● | ● | ● | ● |
|---|---|---|---|---|
| ○ |  |  |  |  |

**❸**

| ● | ● | ● | ● | ● |
|---|---|---|---|---|
| ○ | ○ |  |  |  |

④

⑤
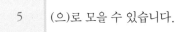

◈ 주요학습활동

1. 8은 4와 ┃ 4 ┃ (으)로 모을 수 있습니다.

2. 9는 4와 ┃ 5 ┃ (으)로 모을 수 있습니다.

3. 6은 5와 ┃ 1 ┃ (으)로 모을 수 있습니다.

4. 7은 5와 ┃ 2 ┃ (으)로 모을 수 있습니다.

3차시 p. 124

◈ 기초학습

③
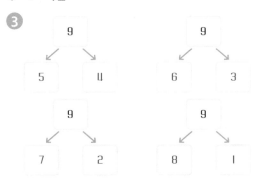

◈ 주요학습

① 6을 1과(와) ( 5 ) (으)로 가를 수 있습니다.
6을 2과(와) ( 4 ) (으)로 가를 수 있습니다.
6을 3과(와) ( 3 ) (으)로 가를 수 있습니다.

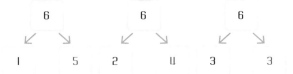

② 〈예시 답〉
7을 ( 3 ) 과(와) ( 4 ) (으)로 가를 수 있습니다.
7을 ( 5 ) 과(와) ( 2 ) (으)로 가를 수 있습니다.
7을 ( 6 ) 과(와) ( 1 ) (으)로 가를 수 있습니다.

③ 〈예시 답〉
8을 ( 3 ) 과(와) ( 5 ) (으)로 가를 수 있습니다.
8을 ( 4 ) 과(와) ( 4 ) (으)로 가를 수 있습니다.
8을 ( 6 ) 과(와) ( 2 ) (으)로 가를 수 있습니다.
8을 ( 7 ) 과(와) ( 1 ) (으)로 가를 수 있습니다.

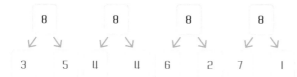

```
     8          8          8          8
   ↙  ↘      ↙  ↘      ↙  ↘      ↙  ↘
   3    5    ll    ll   6    2    7    l
```

**4** 〈예시 답〉

9를 ( 5 ) 과(와) ( 4 ) (으)로 가를 수 있습니다.

9를 ( 6 ) 과(와) ( 3 ) (으)로 가를 수 있습니다.

9를 ( 7 ) 과(와) ( 2 ) (으)로 가를 수 있습니다.

9를 ( 8 ) 과(와) ( 1 ) (으)로 가를 수 있습니다.

```
      9          9          9          9
    ↙  ↘      ↙  ↘      ↙  ↘      ↙  ↘
    5   ll    6    3    7    2    8    l
```

◈ 심화학습

〈예시 답〉

(5, 2, 2), (6, 2, 1), (4, 2, 3), (1, 1, 7) 등

◈ 주요학습활동

1. **❶**
```
      6
    ↙  ↘
    2   ll
```
**❷**
```
      6
    ↙  ↘
    3    3
```

**❸**
```
      7
    ↙  ↘
   ll    3
```
**❹**
```
      8
    ↙  ↘
   ll   ll
```

**❺**
```
      8
    ↙  ↘
    5    3
```
**❻**
```
      9
    ↙  ↘
    5   ll
```

**❼**
```
      9
    ↙  ↘
    6    3
```

# 2 단계

## 1과

1차시 p. 138

◈ 기초학습

①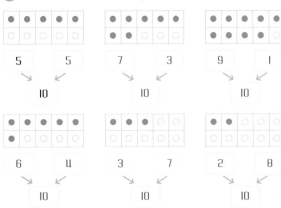

②

◈ 주요학습

①

| 5 | 5 | | 7 | 3 | | 9 | I |
|---|---|---|---|---|---|---|---|

10      10      10

| 6 | I | | 3 | 7 | | 2 | 8 |
|---|---|---|---|---|---|---|---|

10      10      10

◈ 개념학습활동

1.

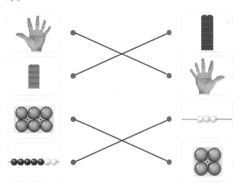

2.

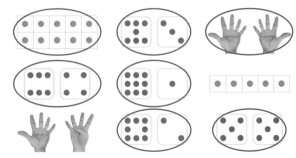

◈ 주요학습활동

1.
| ① 5, 5 | ② 6, 4 |
|--------|--------|
| ③ 8, 2 | ④ 9, 1 |
| ⑤ 1, 9 | ⑥ 4, 6 |
| ⑦ 7, 3 | ⑧ 10, 0 |

2.

① 10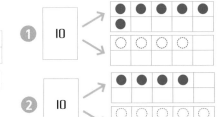

② 10

③ 10

④ 10

⑤ 10 → 3
        → 7

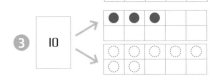
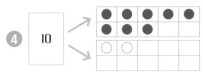

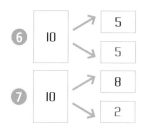

## 2차시 p. 144

◆ 주요학습 2

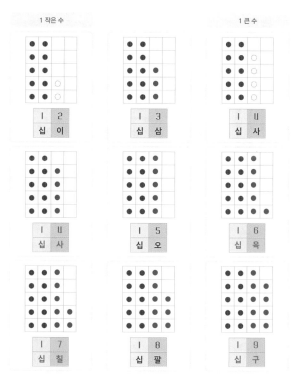

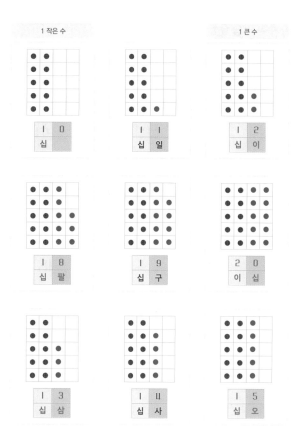

◆ 개념학습활동

| 숫자 따라 쓰기 | 10묶음과 낱개로 가르기 | 숫자 읽기 |
|---|---|---|
| 11 | | 십일 |
| 12 | | 십이 |
| 13 | | 십삼 |
| 14 | | 십사 |
| 15 | | 십오 |
| 16 | | 십육 |
| 17 | | 십칠 |
| 18 | | 십팔 |

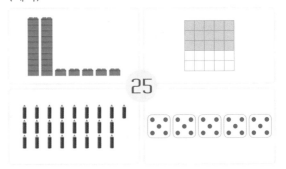

◆ 주요학습활동 1

| 숫자 | 숫자만큼 무늬 채우기 | '1 큰 수' 찾기 |
|---|---|---|
| 13 | | 15  (14) |
| 19 | | 16  (20) |
| 17 | | (18)  16 |
| 12 | | 11  (13) |
| 14 | | (15)  16 |
| 16 | | (17)  13 |
| 11 | | 10  (12) |

◆ 주요학습활동 2

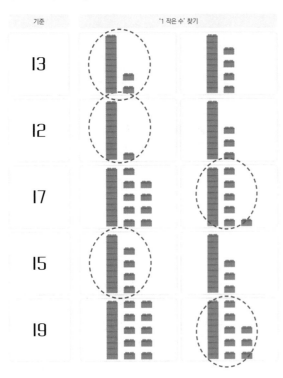

| 기준 | '1 작은 수' 찾기 |
|---|---|
| 13 | |
| 12 | |
| 17 | |
| 15 | |
| 19 | |

3차시  p. 154

◆ 주요학습 2

① 10개짜리 묶음 2개, 남은 사탕 4개

③ ㉮ 23, 이십 삼          ㉯ 35, 삼십 오
　 ㉰ 31, 삼십 일          ㉱ 48, 사십 팔
　 ㉲ 59, 오십 구          ㉳ 26, 이십 육

◆ 개념학습활동

〈예시〉

25

◆ 주요학습활동

| 숫자 | 숫자 이름 | 연결하기 |
|---|---|---|
| 22 | **이십 이** | |
| 30 | 삼십 | |
| 42 | 사십 이 | |
| 37 | 삼십 칠 | |
| 44 | 사십 사 | |
| 28 | 이십 팔 | |
| 50 | 오십 | |

## 4차시 p. 162

◈ 주요학습

㉯ 88, 팔십 팔          ㉰ 93, 구십 삼
㉱ 99, 구십 구          ㉲ 81, 팔십 일
㉳ 75, 칠십 오

100     백     ●━━━●

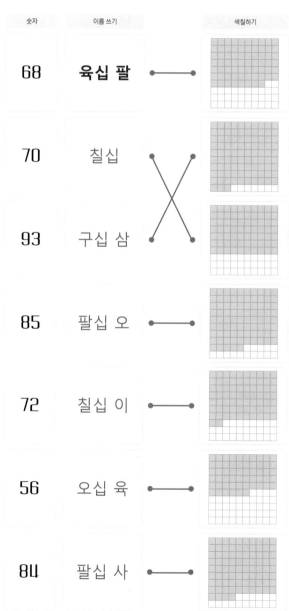

◈ 주요학습활동

| 숫자 | 이름 쓰기 | 색칠하기 |
|------|-----------|----------|
| 68 | **육십 팔** | |
| 70 | 칠십 | |
| 93 | 구십 삼 | |
| 85 | 팔십 오 | |
| 72 | 칠십 이 | |
| 56 | 오십 육 | |
| 84 | 팔십 사 | |

## 2과

### 1차시 p. 175

◈ 도입

❶

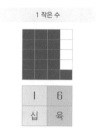 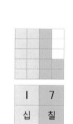 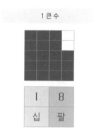

| 1 작은 수 | | 1 큰 수 |
|-----------|--|---------|

| 1 | 6 | | 1 | 7 | | 1 | 8 |
| 십 | 육 | | 십 | 칠 | | 십 | 팔 |

❷ 6−7−8,  8−9−10
    11−12−13,  14−15−16

◈ 기초학습 1

❸  12
    17
    19
    19
    19

◈ 기초학습 2

❸  10
    11
    15
    10

◈ 주요학습

**3**

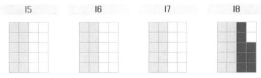

**4**

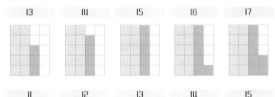

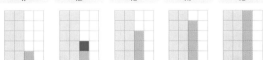

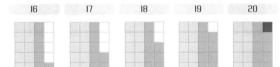

**5**

| 14 | 15 | 16 | 17 | 18 |
| --- | --- | --- | --- | --- |
| 12 | 13 | 14 | 15 | 16 |
| 9 | 10 | 11 | 12 | 13 |

◈ 개념학습활동

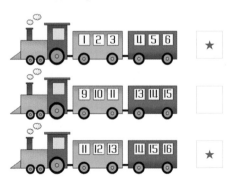

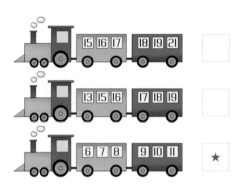

◈ 주요학습활동 1

15 ─ 16 ─ 17 ─ 18 ─ 19

16 ─ 17 ─ 18 ─ 19 ─ 20

9 ─ 10 ─ 11 ─ 12 ─ 13

◈ 주요학습활동 2

15 ─ 14 ─ 13 ─ 12 ─ 11

20 ─ 19 ─ 18 ─ 17 ─ 16

16 ─ 15 ─ 14 ─ 13 ─ 12

13 ─ 12 ─ 11 ─ 10 ─ 9

**2차시** p. 184

◈ 도입

**1**

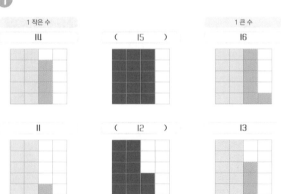

18      ( 19 )      20

② 15

   18

   16

   10

◆ 기초학습

① 16

   12

   18

   12

◆ 개념학습활동

1.

| 1 작은 수 | | 1 큰 수 |
|---|---|---|
| 12 | ( 13 ) | 14 |

◆ 주요학습

①

14     15     ( 16 )

| 11 | ( 12 ) | 13 |
|---|---|---|

 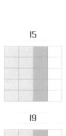 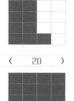

18     19     ( 20 )

| 17 | ( 18 ) | 19 |
|---|---|---|

13     ( 14 )     15

| 9 | ( 10 ) | 11 |
|---|---|---|

  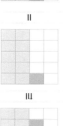

9     ( 10 )     11

◆ 주요학습활동

1.

( 12 )     13 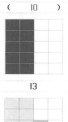    14

16 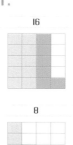    17     ( 18 )

( 15 )    16    17

8     9     ( 10 )

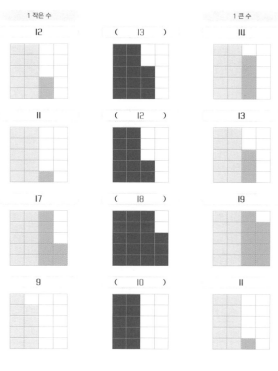

15

( 16 )

17

10

( 11 )

12

**2.** 12

15

20

8

16

13

9

17

14

◈ 놀이학습

| 11 | 12 | 13 | 19 | 16 | 17 |
|----|----|----|----|----|----|
| 13 | 14 | 16 | 15 | 19 | 16 |
| 14 | 16 | 15 | 16 | 9 | 14 |
| 15 | 17 | 19 | 17 | 11 | 10 |
| 18 | 18 | 10 | 11 | 12 | 12 |
| 20 | 15 | 11 | 17 | 13 | 17 |
| 10 | 11 | 15 | 13 | 15 | 18 |
| 9 | 12 | 13 | 14 | 16 | 17 |
| 12 | 13 | 14 | 19 | 18 | 19 |

---

**3차시** p. 192

---

◈ 도입

❶ 3 − 4 − 5 − 6

7 − 8 − 9 − 10

❷ 0, 4, 6, 9

9

◈ 주요학습 1

❶ 9 − 10 − 11 − 12

15 − 16 − 17 − 18

17 − 18 − 19 − 20

14 − 15 − 16 − 17

◈ 주요학습 2

❶ 11

20

17

14

16

9

◈ 개념학습활동

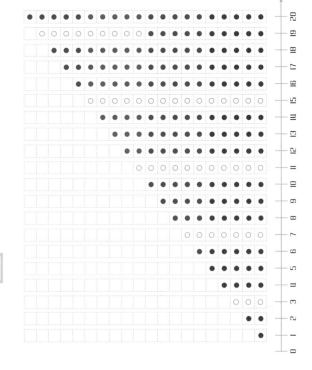

◈ 주요학습활동

2.

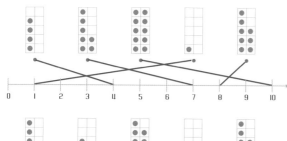

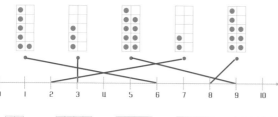

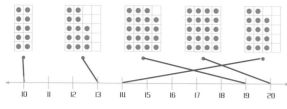

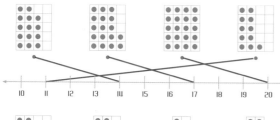

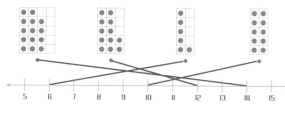

4차시 p. 200

◈ 도입

① 

② 

③ 5, 10
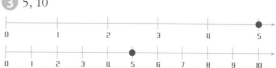

◈ 기초학습

② 
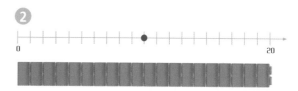

◈ 주요학습

③ 15

19

1

6

◈ 개념학습활동

6

5

10

7

8

◈ 주요학습활동

18

10

11

8

11

16

## 3과

### 1차시 p. 211

◆ 도입

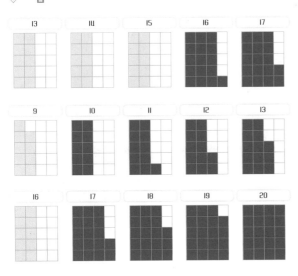

◆ 기초학습

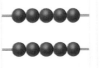

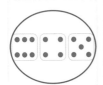

◆ 주요학습

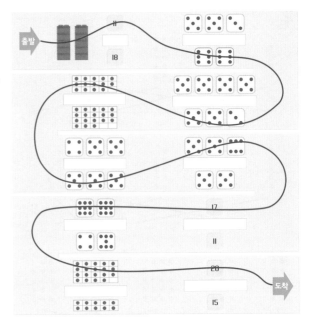

◆ 기초학습활동

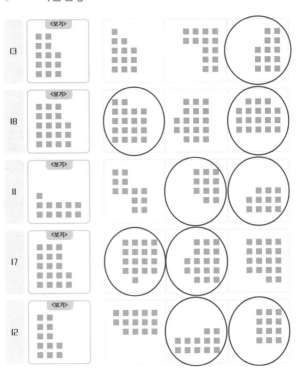

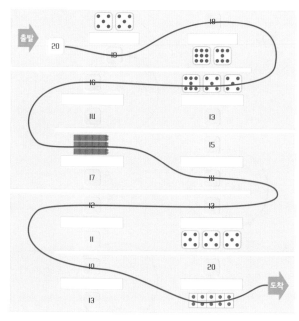

2차시 p. 217

◆ 도입

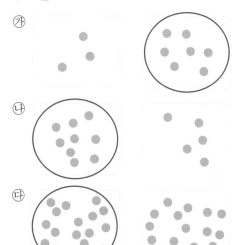

◆ 기초학습

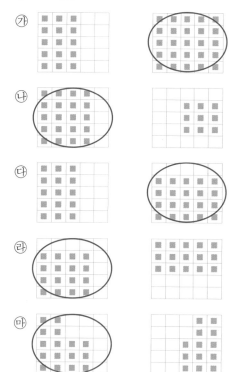

◆ 주요학습

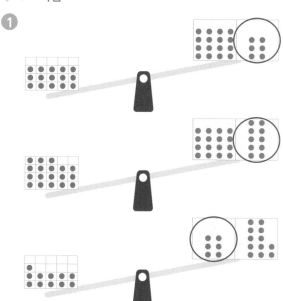

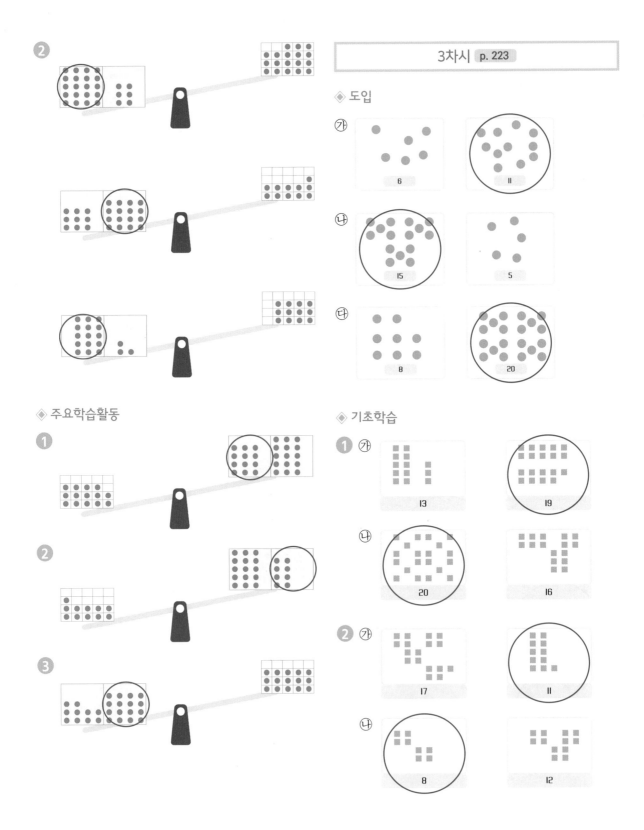

◈ 주요학습

**1**

13 ⑨  11

11 ⑤  8

20 ⑪  18

15 ⑥  12

**2**

⑲ 15  17

9 ⑮  13

9 ⑬  12

⑭ 4  8

◈ 기초학습활동

**1. ❶**

8

20

**❷**

III

9

**2. ❶**

I7

II

**❷**

6

I3

◈ 주요학습활동

**1.**

 14

⑪ 18

20 ⑤  19

⑱ 12  17

17 ⑦  15

**2.**

⑭ 6  9

⑱ 8  11

⑦ 4  6

⑱ 5  16

━━━━━━━━━━━
**4차시** `p. 229`
━━━━━━━━━━━

◈ 도입

㉮  I4

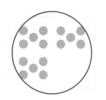

㉯

20

㉰ I7

◈ 기초학습

① ㉮

10

㉯

17

② ㉮

20

㉯
15

②

16

17  13

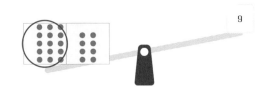
9

◈ 주요학습

①

16  10

15

17  5

◈ 기초학습활동

1. ①
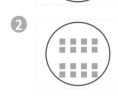
16

②

11

2. ①

14

②
17

◆ 주요학습활동

**1.**

❶

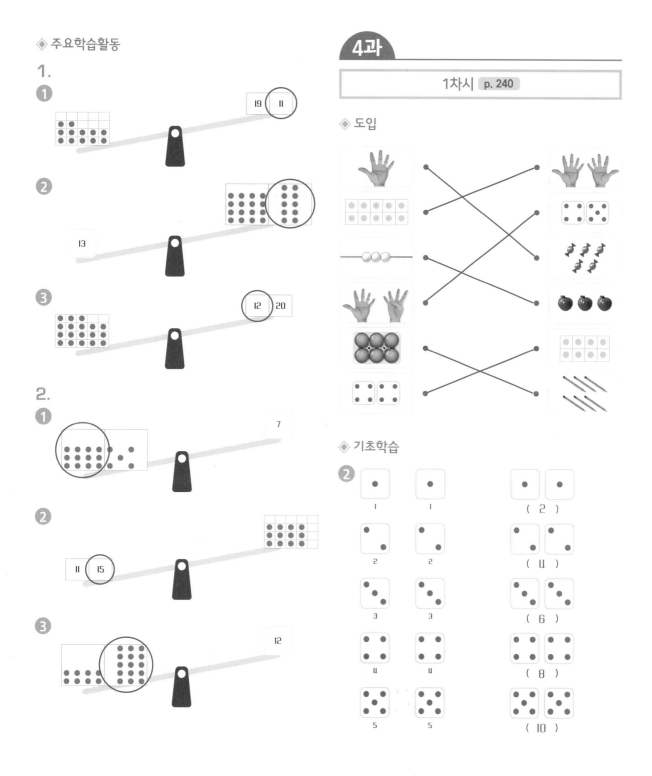

◆ 주요학습

❷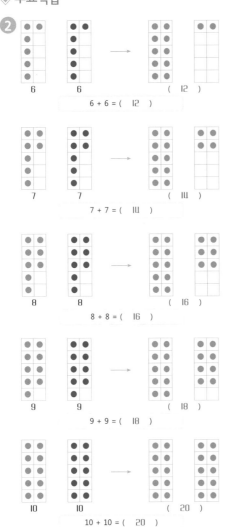

6  6  ( 12 )

6 + 6 = ( 12 )

7  7  ( 14 )

7 + 7 = ( 14 )

8  8  ( 16 )

8 + 8 = ( 16 )

9  9  ( 18 )

9 + 9 = ( 18 )

10  10  ( 20 )

10 + 10 = ( 20 )

◆ 개념학습활동

◆ 주요학습활동

1. 14      6
   8       16
   12      18
   10      20

┌─────────────────────────┐
│      2차시   p. 247      │
└─────────────────────────┘

◆ 도입

숫자가 ( 2 )씩 커지고 있습니다.

숫자가 ( 5 )씩 커지고 있습니다.

숫자가 ( 4 )씩 커지고 있습니다.

◆ 기초학습

❹

| 2 | 4 | 6 | 8 | 10 | 12 | 14 | 16 | 18 | 20 |

◆ 주요학습 1

❹ ㉮ 짝수

  ㉯ 홀수

◈ 주요학습 2

① 일의 자리(낱개)가 ( 0 ) 또는 ( 5 )입니다.
( 5 )씩 뛰어 세고 있습니다.

◈ 개념학습활동

1. ① 숫자가 ( 2 )씩 커지고 있습니다.
   ② 숫자가 ( 4 )씩 커지고 있습니다.

◈ 주요학습활동

1. 출발 − 0 − 2 − 4 − 6 − 8 − 10 − 12 − 14 −
   16 − 18 − 20 − 도착

2.

| | | | | | | | | | |
|---|---|---|---|---|---|---|---|---|---|
| 1 | 2 | 3 | 4 | ⑤ | 6 | 7 | 8 | 9 | ⑩ |
| 11 | 12 | 13 | 14 | ⑮ | 16 | 17 | 18 | 19 | ⑳ |
| 21 | 22 | 23 | 24 | ㉕ | 26 | 27 | 28 | 29 | ㉚ |
| 31 | 32 | 33 | 34 | ㉟ | 36 | 37 | 38 | 39 | ㊵ |
| 41 | 42 | 43 | 44 | ㊺ | 46 | 47 | 48 | 49 | ㊿ |

◈ 주요학습 1

④

| 20 | 18 | 16 | 14 | 12 | 10 | 8 | 6 | 4 | 2 |
|---|---|---|---|---|---|---|---|---|---|

◈ 주요학습 2

② 일의 자리(낱개)가 ( 0 ) 또는 ( 5 )입니다.
( 5 )씩 뛰어 세고 있습니다.

◈ 주요학습활동

1. 출발 − 20 − 18 − 16 − 14 − 12 − 10 − 8 − 6
   − 4 − 2 − 0 − 도착

2.

| | | | | | | | | | |
|---|---|---|---|---|---|---|---|---|---|
| ㊿ | 49 | 48 | 47 | 46 | ㊺ | 44 | 43 | 42 | 41 |
| ㊵ | 39 | 38 | 37 | 36 | ㉟ | 34 | 33 | 32 | 31 |
| ㉚ | 29 | 28 | 27 | 26 | ㉕ | 24 | 23 | 22 | 21 |
| ⑳ | 19 | 18 | 17 | 16 | ⑮ | 14 | 13 | 12 | 11 |
| ⑩ | 9 | 8 | 7 | 6 | ⑤ | 4 | 3 | 2 | 1 |

---

### 3차시 p. 254

◈ 도입

1

2

5

◈ 기초학습

③

| 50 | 49 | 48 | 47 | 46 | 45 | 44 | 43 | 42 | 41 |
|---|---|---|---|---|---|---|---|---|---|
| 40 | 39 | 38 | 37 | 36 | 35 | 34 | 33 | 32 | 31 |
| 30 | 29 | 28 | 27 | 26 | 25 | 24 | 23 | 22 | 21 |
| 20 | 19 | 18 | 17 | 16 | 15 | 14 | 13 | 12 | 11 |
| 10 | 9 | 8 | 7 | 6 | 5 | 4 | 3 | 2 | 1 |

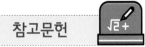
김동일, 허상, 김이내, 이기정(2009). 수학학습장애 위험아동 조기 판별을 위한 수감각 검사의 적용 가능성 고찰. 아시아교육연구, 10(3), 103-122.

김동일(2011). 기초학습기능 수행평가체제: 초기수학 전문가 지침서. 서울: 학지사인싸이트.

김성화, 강병주, 최정미, 변찬석(2006). '가르기-모으기' 놀이가 수학 학습장애 아동의 가감산 능력에 미치는 효과. 정서 · 행동장애연구, 22(3), 349-369.

김수미(2006). 수학 학습부진아를 위한 계산 전략 지도. 과학교육논총, 19, 101-113.

김양권, 홍진곤(2016). 수 개념 학습에서 수직선의 도입과 활용. 한국초등수학교육학회지, 20(3), 431-456.

박만구, 김성옥, 송상헌(2017). 수와 기수법의 필수 이해. 서울: 교우사.

심진경, 최순미, 석주식(2008). 초등수학 개념사전. 서울: 아울북.

안승철(2010). 아이들은 왜 수학을 어려워할까? 서울: 궁리.

장혜원(2014). 덧셈과 뺄셈의 대안적 계산방법 지도에 대한 연구. 수학교육학연구, 24(4), 623-644.

정재석, 김유원(2017). 계산자신감 1권: 직산과 수량의 인지, 수끼리의 관계. 서울: 북랩.

정재석, 송푸름(2017). 계산자신감 4권: 곱셈과 나눗셈. 서울: 북랩.

최혜진, 조은래, 김선영(2013). 수 세기 능력이 유아의 수학능력과 수학학습잠재력에 미치는 영향. Korean Journal of Child Studies, 34(1), 123-140.

홍갑주, 강정민(2016). 수 세기 이론 관점에서의 초등학교 교과서 고찰. 학교수학, 18(2), 375-396.

Baker, S., Gersten, R., & Lee, D. S. (2002). A synthesis of empirical research on teaching mathematics to low-achieving students. *The Elementary School Journal, 103*(1), 51-73.

Crosswhite, F. J., Dossey, J. A., & Frye, S. M. (1989). NCTM standards for school mathematics: Visions for implementation. *Journal for Research in Mathematics Education, 20*(5), 513-522.

Fuson, K. C., & Fuson, A. M. (1992). Instruction supporting children's counting on for addition and counting up for subtraction. *Journal for Research in Mathematics Education, 23*(1), 72-78.

Gelman, R., & Gallistel, C. R. (1978). *The child's understanding of number*. Harvard University Press.

Halberda, J., Mazzocco, M. M., & Feigenson, L. (2008). Individual differences in non-verbal number acuity correlate with maths achievement. *Nature, 455*(7213), 665.

National Council of Teachers of Mathematics (1989). *Curriculum and Evaluation Standards for School Mathematics*. Reston, VA: Author.

National Council of Teachers of Mathematics (2014). *Principles to actions: Ensuring mathematical success for all*. NCTM. Reston, VA.

NCTM, G. (2017). Spatial Reasoning and Measurement.

Otto, A. B. (2016). 곱셈과 나눗셈의 필수 이해. 백석윤, 류현아, 이종영, 도주연 역. 서울: 교우사.

Pica, P., Lemer, C., Izard, V., & Dehaene, S. (2004). Exact and approximate arithmetic in an Amazonian indigene group. *Science, 306*(5695), 499–503.

Reys, B. J. (1991). Developing Number Sense. Curriculum and Evaluation Standards for School Mathematics Addenda Series, Grades 5–8. National Council of Teachers of Mathematics, 1906 Association Drive, Reston, VA 22091.

Secada, W. G., Fuson, K. C., & Hall, J. W. (1983). The transition from counting-all to counting-on in addition. *Journal for Research in Mathematics Education*, 47–57.

Seron, X., Pesenti, M., Noel, M. P., Deloche, G., & Cornet, J. A. (1992). Images of numbers, or "When 98 is upper left and 6 sky blue." *Cognition, 44*(1–2), 159–196.

Sieger, R. S., & Booth, J. L. (2003). The development of numerical estimation: Evidence for multiple representations of numerical quantity. *Psychological Science, 14*(3), 237–250.

Sieger, R. S., & Booth, J. L. (2005). *Development of numerical estimation. Handbook of mathematical cognition*, 197–212.

Starkey, P., Spelke, E. S., & Gelman, R. (1980, April). Numerical abstraction by human infants: Sensitivity to numeric invariance and numeric change. In meeting of the International Conference on Infant Studies. New haven, CT.

Starkey, P., Spelke, E. S., & Gelman, R. (1990). Numerical abstraction by human infants. *Cognition, 36*(2), 97–127.

Van de Walle, J. A. (1998). *Elementary and middle school mathematics: Teaching developmentally*. Addison-Wesley Longman, Inc., 1 Jacob Way, Reading, MA 01867.

저자 소개

김동일(Kim, Dongil)

서울대학교 사범대학 교육학과 교육상담전공 교수 및 대학원 특수교육
전공 주임교수, 서울대학교 대학생활문화원 원장, 장애학생지원센터 상
담교수, 서울대학교 특수교육연구소 소장으로 재직하고 있다. 서울대학
교 교육학과를 졸업하고, 교육부 국비유학생으로 도미하여 미네소타 대
학교 교육심리학과에서 석사 · 박사학위를 취득하였다.

Developmental Studies Center, Research Associate, 한국청소년상담원
상담교수, 경인교육대학교 교육학과 교수, 한국학습장애학회 회장, 서울
대학교 사범대학 기획실장, 국가 청소년보호위원회 위원, BK21 미래교
육디자인연구사업단 단장 등을 역임하였다. 국가 수준의 인터넷중독 척
도와 개입연구를 진행하여 정보화역기능예방사업에 대한 공로로 행정안
전부 장관표창 및 연구논문 · 저서의 우수성으로 한국상담학회 학술상
(2014/2016)과 학지사 저술상(2012)을 수상하였다.

현재 (사)한국교육심리학회 회장, 한국아동청소년상담학회 회장, 여성가
족부 학교밖청소년지원위원회(2기) 위원, 국무총리실 사행산업통합감독
위원회(중독분과) 민간위원 등으로 봉직하고 있다.

『지능이란무엇인가』『학습장애아동의 이해와 교육』『청소년상담학개론』
을 비롯하여 50여 권의 저 · 역서가 있으며, 300여 편의 등재전문 학술논
문(SSCI/KCI)을 발표하였고, 기초학습기능 수행평가체제(BASA)를 포함
한 30여 개의 표준화 검사를 개발하였다.

2017년 대한민국 교육부와
한국연구재단의 지원을 받아 수행된 연구임
(NRF-2017S1A3A2066303)

**연구책임자**   김동일(서울대학교 교육학과)

**참여연구원**   김희주(서울대학교 특수교육연구소)
안예지(서울대학교 특수교육연구소)
김희은(서울대학교 특수교육연구소)
신혜연 Gladys(서울대학교 특수교육연구소)
김은삼(서울대학교 특수교육연구소)
임희진(서울대학교 특수교육연구소)
황지영(서울대학교 특수교육연구소)
이연재(서울대학교 특수교육연구소)
조은정(서울대학교 특수교육연구소)
안제춘(서울대학교 특수교육연구소)
문성은(서울대학교 특수교육연구소)
송푸름(서울대학교 특수교육연구소)
장혜명(서울대학교 특수교육연구소)

BASA와 함께하는
수학능력 증진 개별화 프로그램

# 수학 나침반
### ① 초기수학(수감각)편

2020년 7월 25일 1판 1쇄 인쇄
2020년 7월 30일 1판 1쇄 발행

지은이 • 김동일
펴낸이 • 김진환
펴낸곳 • (주) 학지사
　　　04031 서울특별시 마포구 양화로 15길 20 마인드월드빌딩
대표전화 • 02)330-5114　　팩스 • 02)324-2345
등록번호 • 제313-2006-000265호

홈페이지 • http://www.hakjisa.co.kr
페이스북 • https://www.facebook.com/hakjisa

ISBN 978-89-997-2125-0　93370

정가 23,000원

이 도서의 국립중앙도서관 출판시도서목록(CIP)은 서지정보유통지원
시스템 홈페이지(http://seoji.nl.go.kr)와 국가자료공동목록시스템
(http://www.nl.go.kr/kolisnet)에서 이용하실 수 있습니다.
(CIP 제어번호: CIP2020028958)

출판 · 교육 · 미디어기업 학지사

간호보건의학출판 학지사메디컬 www.hakjisamd.co.kr
심리검사연구소 인싸이트 www.inpsyt.co.kr
학술논문서비스 뉴논문 www.newnonmun.com
원격교육연수원 카운피아 www.counpia.com

| | |
|---|---|
| 아홉 | 구 |
| 여덟 | 팔 |
| 일곱 | 칠 |
| 여섯 | 육 |
| 다섯 | 오 |
| 넷 | 사 |
| 셋 | 삼 |
| 둘 | 이 |
| 하나 | 일 |

1

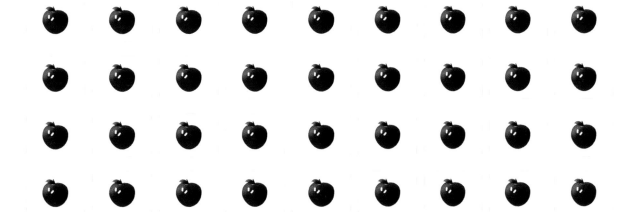

묶음

낱개

| | | | 출발 배달사 |
|---|---|---|---|
| 41 | 31 | 21 | 12 |
| 42 | 32 | 22 | 13 |
| 43 | 33 | 23 | 14 |
| 44 | 34 | 24 | 15 |
| 45 | 35 | 25 | 16 |
| 46 | 36 | 26 | 17 |
| 47 | 37 | 27 | 18 |
| 48 | 38 | 28 | 19 |
| 49 | 39 | 29 | 20 |
| 도착 배달사 | 40 | 30 | |

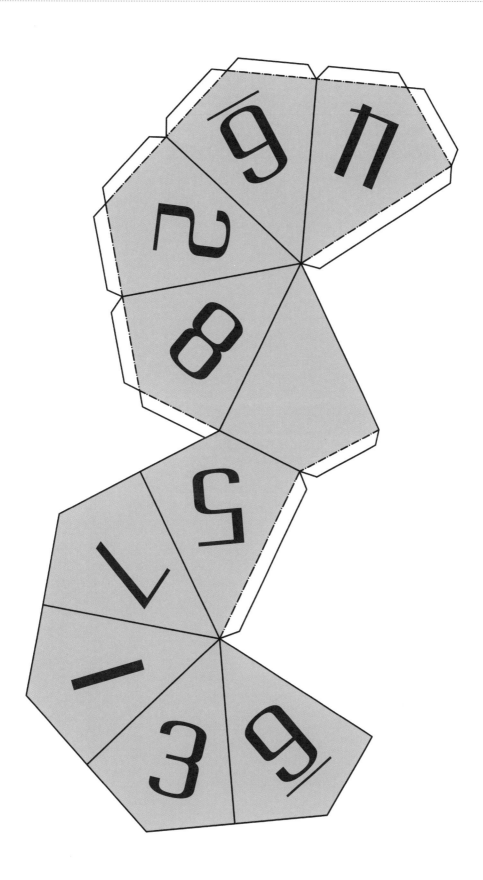

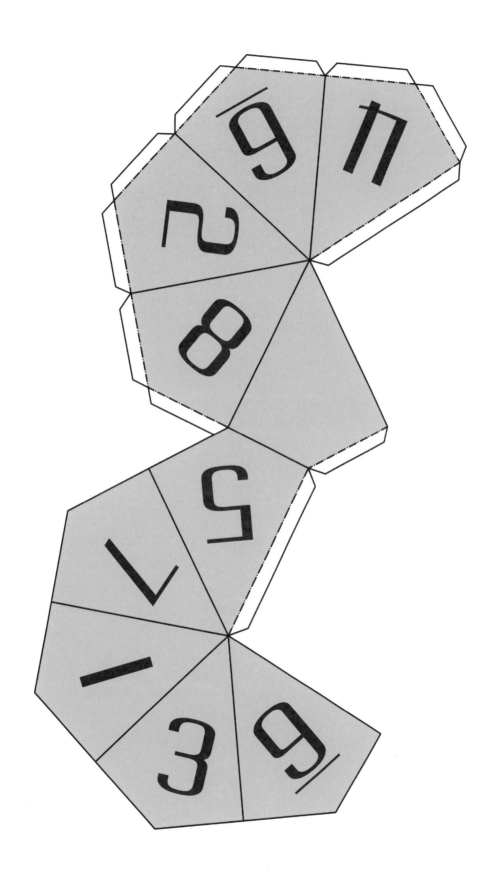

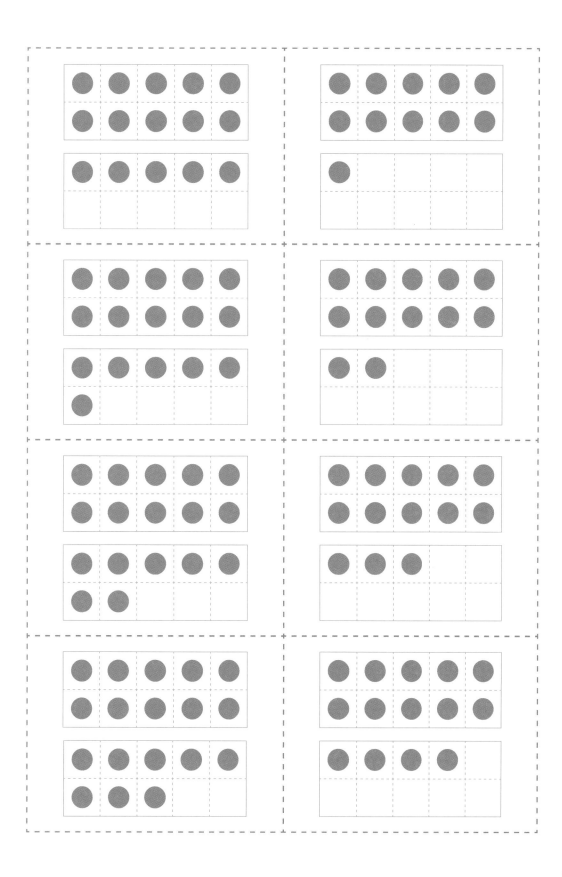

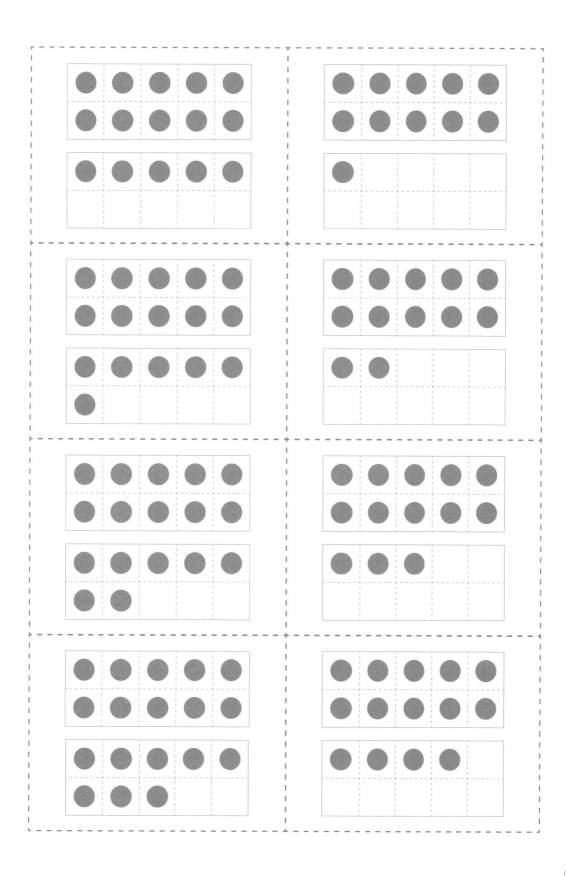

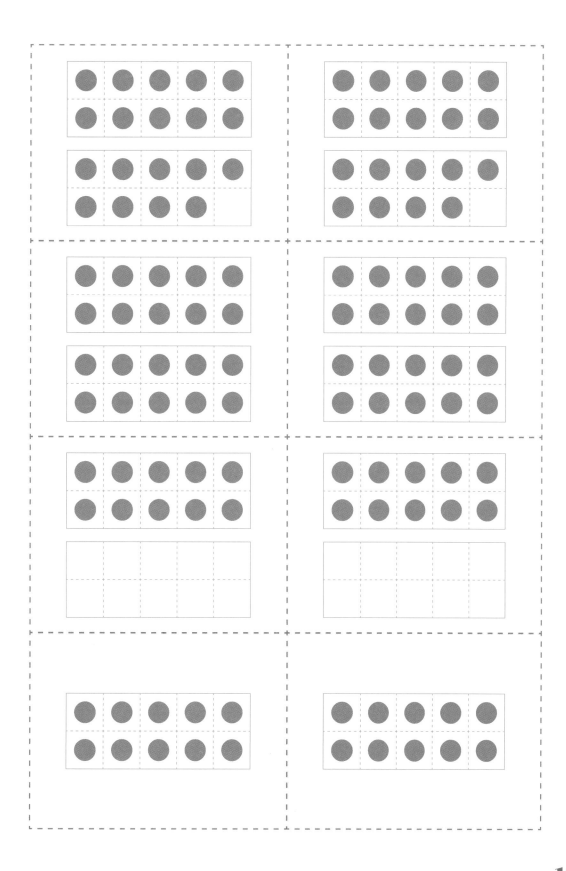

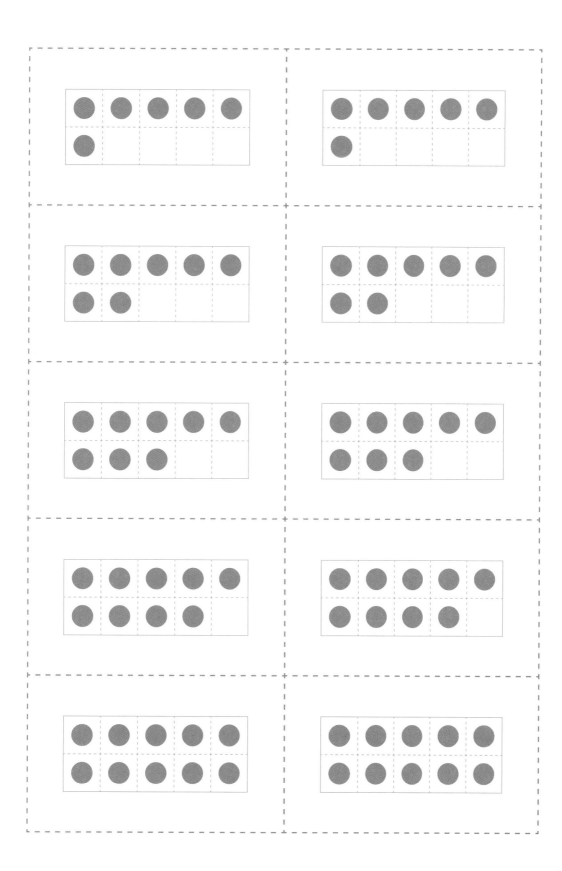

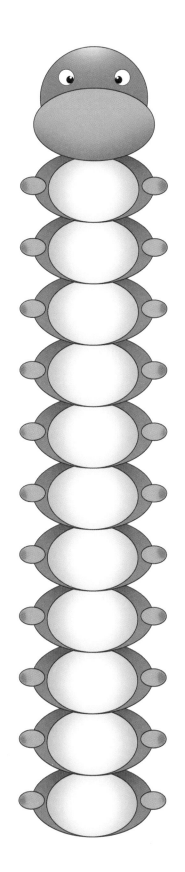

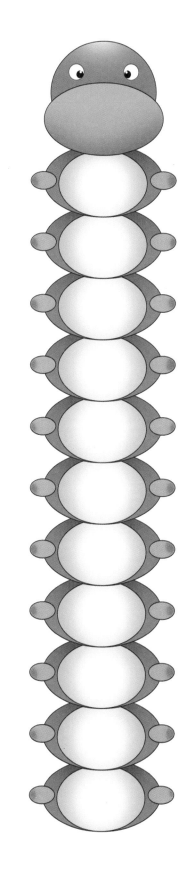